SPORTS
PERSPECTIVE
SERIES

8

スポーツ
マネジメント入門

相原 正道／前田 和範／林　恒宏 [著]
本間崇教／松瀬　学

晃 洋 書 房

は じ め に

読み進めればわかるシリーズの発行理由

　高等教育機関における研究教育開発を促進させるため，スポーツ科学における知の創造および学生の理解度向上させるため，読みスゝめればわかる教科書——SPORTS　PERSPECTIVE　SERIES——を創刊した.

　ある経済学者とAO入試の面接官をしていた時に「数学の教科書ってすごいんやでぇ．読み進めればわかるねん」と言われ，なるほどと感嘆したことに端を発している.

　なるほど，数学の数式のように整理され，理論的に順序だてて文章が構成されていれば非常に効率的だ．読み進めればわかる教科書をということで，SPORTS　PERSPECTIVE　SERIESの編集方針を「読みスゝめればわかる教科書」とした．読み進めれば理解できるようになる文章は大切だ．そのような文章を書ける人はごく一部の人に限られる．頭が整理されていて，なおかつ現代語に精通している人である.

　理論派と称される方にありがちなのは，大学生への教育視点が抜けている点である．難解な日本語を多用しすぎるきらいがある．そういう教育者に限って，昔の大学生は学力が高かったと嘆くばかりである．例示が古過ぎて学生が知らないことが多いのはお構いなしである．もう1つ付け加えるならば，学生が知らないという反応を講義中に感じられない人である．当世風に言えば，空気読めない人である．大学生はいつだって現代の若者という新鮮な"今"という風を教室に吹き込んでくれる．この空気感こそが研究・教育者にとってこの上なく（イノベーション・創造性などにおいて）貴重なものだと考える．難解な理論を現代の大学生にわかるレベルまで整理して説明できるのも教育者としての力量が問われてくる部分だと思うのだが．こうした方々には，初心に立ち戻り教育研究をした方がよろしいとアドバイスしたいものである.

ただ，学生にも度を過ぎた学生がいるのも事実であることもしかと明記しておきたい（笑）．

この本の構成

　本書において，第1章では，私（大阪経済大学 相原正道）が，世界と日本のスポーツマネジメントの違いを数字により比較している．プロ野球球団の優勝による経済効果などから日本人がスポーツに関心が高いことを示し，日本の新聞社によるスポーツイベントの歴史的発展を述べている．その上で，世界と日本のプロスポーツリーグ，世界と日本のスポーツメーカー，および，世界と日本のスポーツ市場規模を数字により比較している．次いで，日本におけるスキー施設業の盛衰を時系列で述べ，英国ロンドンオリンピックスタジアムの改修後の事例や米国マディソンスクエアガーデンの施設などを事例として，スポーツ施設改革について述べている．

　第2章では，前田和範先生（高知工科大学）が，入門編としてスポーツマネジメントを解説している．スポーツマネジメントとは何かをスポーツマネジメントの定義や体育からスポーツへの転換を通してわかりやすく記述している．なぜスポーツマネジメントが求められるのかということを，文化としてのスポーツ，スポーツの市場拡大，多様なスポーツ組織におけるスポーツマネジメントという観点から述べている．

　第3・4章は，林恒宏先生（大正大学）が担当している．第3章のスポーツ組織によるマネジメントでは，スポーツ競技団体のマネジメントについて，競技団体における組織，経営資源，マネジメント人材について解説し，障がい者のスポーツ団体についても幅広く説明している．次に，スポーツNPOのマネジメントとして，NPO，NPO法人，および，認定NPO法人（認定特定非営利活動法人）についてわかりやすく説明した後，スポーツ組織とNPO，スポーツ団体がNPO法人になるメリットについて詳細に解説している．さらに，スポーツボランティアとその分類についても付加している．

　第4章では，スポーツによる地域マネジメントについて記述している．ス

ポーツツーリズムと地域マネジメントについて，スポーツツーリズムとは何かや，スポーツツーリズムに関する施策を解説している．その後，スポーツによるシティプロモーションについて，シティプロモーションとは何か，システムとしてのスポーツプロモーションについて記述し，日本プロサッカーリーグのアジア戦略を事例として地域の魅力3要因を説明している．

　第5・6章は，本間崇教先生（新潟経営大学）が担当している．第5章でするスポーツのマネジメントとして，スポーツ実施率と競技人口について述べ，するスポーツの環境の多様性，スポーツのコンテンツの多様性，および，するスポーツとテクノロジーの観点からするスポーツの多様性を記述している．第6章ではみるスポーツのマネジメントとして，スポーツ観戦市場の規模と新興プロリーグの誕生から，スポーツの観戦市場を概観している．その後，スポーツ観戦動機，スポーツ観戦とソーシャルメディアの観点からスポーツ観戦者の心理に迫っている．最後に，多様なスポーツ観戦市場として，OTTの台頭とパブリック・ビューイングについて述べている．

　第7・8・9章では，松瀬学先生（日本体育大学）がスポーツ情報リテラシーを担当する．第7章では入門編として，実社会で活躍できるビジネスパーソンの基礎づくりについて，ヒト・モノ・カネ・そして情報，メディア・リテラシーとITリテラシー，フェイクニュースに騙されるな，P・D・M・C・Aサイクル，情報発信力とコミュニケーション能力，および，パソコンとウィズ・コロナ時代の情報リテラシーについて多彩な観点からまとめている．第8章の基礎編では，電子メールとWordについて操作法をわかりやすく解説し，第9章の実践編では，ExcelとPowerPointについて操作法をわかりやすく解説している．

　今回のスポーツマネジメント入門でも取り上げられているように，世界のスポーツ用品企業は熾烈な生存競争に巻き込まれている．2022年の北京冬季オリンピック・パラリンピック競技大会の開催を控えており，NIKEやadidasも中国市場の開拓に注力している．ブランド力や開発力では欧米大手スポーツメーカーとは大きな差があるものの，アシックスやミズノなどの日本のスポーツメーカーも巻き込んで，中国市場のスポーツマーケティングが今後さらに活性

化してきそうだ.

　こうしたスポーツ業界における背景の中，日本のスポーツメーカーにおいても大きな激震が走った．日本の大手総合商社である伊藤忠商事によるデサントへの敵対的TOB（株式公開買い付け）だ．2019年3月25日，スポーツ用品メーカーであるデサントは，取締役会を開き，創業家である石本雅敏社長を含む取締役10人中9人の退任を決めた．デサントの売上高50％を稼ぐ韓国事業を統括する金勲道氏のみ唯一留任となった．後任の新社長には伊藤忠商事出身の小関秀一氏が就任し，取締役数は10人から6人に削減することになった．こうして敵対的TOBに発展した両社の対立はようやく収束した．

　今後の焦点は，筆頭株主である伊藤忠商事主導で新生デサントがどのような成長戦略を描くのかに移る．当面は2019年度から始まる新たな中期経営計画の策定だが，その軸となるのが中国事業である．新社長に就任する小関秀一氏は，伊藤忠商事の専務執行役員として繊維事業を統括しており，北京や上海に駐在した経験もあり，中国事業に明るい．すでにデサントは，中国で主力ブランドである「デサント」に加えて，競泳の「アリーナ」なども販売している．こうしたことから考えると，デサントはすでに中国事業に取り組んでいるため，それ自体の新鮮味はない．伊藤忠商事主導となるデサントがどれだけスピードアップした経営を実行できるかが鍵となる．

　ブランド力や開発力ではNIKEやadidasと大きな差があるものの，デサント，アシックスやミズノなどの日本のスポーツメーカーも巻き込んで，中国市場のスポーツマーケティングがさらに活性化していくだろう．2022年の北京冬季オリンピック・パラリンピック競技大会の開催を控え，スポーツメーカーの熾烈な生存競争はスポーツ産業の勢力図さえも変える可能性がある．

　アスリートを活用して旺盛を極めているNIKEであるが，これまでにNIKEとして企業の逆風もあった．NIKEの創業者であるフィル・ナイトは，スタンフォード大学の修士論文において，低賃金の労働者を使って効率的な生産を行えば，競技用シューズのマーケットでadidasやPUMAといったドイツの大企業がいる市場に参入できるという論文を発表した．スタンフォード大学を卒業し

た後，フィル・ナイトは修士論文の内容を行動に移していく．ナイキのビジネスモデルは，スポーツ用品・衣料品のデザイン・開発は自社で担当し，製造はアジアなどの発展途上国の工場へ低コストで委託するというものであった．これにより多くの利益をあげて成長してきた．

　しかし，そのグローバリゼーションを活用したビジネスモデルも盤石ではなかった．実際は，発展途上国の労働者からの「搾取」があって，成立していたものだった．1997年，ナイキが委託するインドネシアやベトナムといった東南アジアの工場で，低賃金労働，劣悪な環境での長時間労働，児童労働，強制労働が発覚した．この事態に際し，米国のNGOなどがナイキの社会的責任について痛烈に批判した．NIKEに対する世界的な製品の不買運動が起こり，経済的に大きな打撃を受けた．

　NIKEは企業の社会的責任として，サプライヤーの労働環境や安全衛生状況の確保，児童労働を含む人権問題に取り組まなければならないことを，身をもって経験した．これを契機にCSRへの配慮を進めていったのである．

　最近のナイキの大失態としては，靴底がはがれたために足を滑らせて転倒した事件が挙げられる．ザイオン・ウィリアムソン選手が，2019年2月20日の大学バスケットボールの試合で，履いていたNIKE製シューズが壊れたため膝を痛めて負傷退場した．負傷したザイオン・ウィリアムソン選手は全米大学体育協会（NCAA）1部DUKE大学のエースで，抜群の人気を誇っている．NIKEと契約しているレブロン・ジェームズ（NBA Lakers）の再来との呼び声も高いスター選手である．

　米国大学バスケットボールを代表するスター選手が，オバマ元大統領も観戦した有名校との黄金カードでの出来事だったので，会員制交流サイト（SNS）などでは，選手が苦痛にもだえる姿や，無残に壊れた靴の映像が瞬く間に広まった．DUKE大学は2月21日に「重傷ではない」と発表したが，事態は収束するどころか拡大していった．ナイキは「製品の質は最も重要．この件は特異な事例ではあるものの，問題の特定を進めている」との声明を出し，信頼回復に躍起となっていたが，ロイター通信によると，この影響でNIKEの株価が急落し，

2月21日の時価総額への影響を約14億6000万ドル（約1621億円）と算出している.

　企業というのは栄枯盛衰を繰り返し，進んでいくものだと改めて思う今日この頃である.

　　2021年10月

　　　　　　　　　　　　　　　　　　　　　　　　　相　原　正　道

1 世界と日本のスポーツマネジメントのスケール比較

スポーツに関心が高い日本人

　野村総合研究所［2017］が「日本人がうれしいと感じる出来事」について調査したところ，「スポーツの日本代表チーム，日本代表選手が国際大会で活躍すること」が，「日本で発明された科学技術が世界中で活用される」ことと「日本人がノーベル賞を受賞する」ことに次いで，3 位に入っている（**表1-1**）．スポーツにおける日本代表チームや選手の活躍は国民的関心事になっていると言える．スポーツが日本人の関心事になっているとなると，その試合結果は速く正確に多くを知りたいものである．そのため，テレビが多チャンネル化しインターネットが普及した現代において，スポーツはマスメディアにとって重要なコンテンツであることは疑う余地はない．

表1-1　日本人がうれしいと感じる出来事順位

2008年	2017年
1 位 ■ 日本で発明された科学技術が世界中で活用される	1 位 ■ 日本で発明された科学技術が世界中で活用される
2 位 ■ 環境問題の分野で日本が世界のリーダーとなる	2 位 ■ 日本人がノーベル賞を受賞する
3 位 ■ 日本人の学力が高まる	3 位 「スポーツの日本代表チーム、日本代表選手が国際大会で活躍する」
4 位 「スポーツの日本代表チーム、日本代表選手が国際大会で活躍する」	4 位 ■ 自衛隊などの国際的な活動で日本の評価が高まる
5 位 ■ 日本の文化人が国際的に高い評価を得る	5 位 ■ 日本企業の国際競争力が向上する
6 位 ■ 日本人がノーベル賞を受賞する	6 位 ■ 日本の文化人が国際的に高い評価を得る
7 位 ■ 我が国の史跡・旧跡や自然景観が世界遺産に登録される	7 位 ■ 日本人の学力が高まる
8 位 ■ 日本企業の国際競争力が向上する	8 位 ■ 環境問題の分野で日本が世界のリーダーとなる
9 位 ■ 自衛隊などの国際的な活動で日本の評価が高まる	9 位 ■ 我が国の史跡・旧跡や自然景観が世界遺産に登録される
10位 ■ 日本のアニメやゲームが世界中に賞賛される	10位 ■ 日本のアニメやゲームが世界中に賞賛される

（出所）野村総合研究所［2017：14］を元に筆者改編.

表1-2　日本の歴代テレビ視聴率ランキングTOP10

順位	番　組　名	放　送　日	チャンネル	視聴率%
1	第14回 ＮＨＫ紅白歌合戦	1963年12月31日	NHK	81.4
2	東京オリンピック 女子バレー	1964年10月23日	NHK	66.8
3	サッカーワールドカップ 日本×ロシア	2002年6月9日	フジテレビ	66.1
4	プロレス デストロイヤー×力道山	1963年5月24日	日本テレビ	64.0
5	ボクシング 原田×エデル・ジョブレ	1966年5月31日	フジテレビ	63.7
6	おしん	1983年11月12日	NHK	62.9
7	サッカーワールドカップ 日本×クロアチア	1998年6月20日	NHK	60.6
8	ボクシング 原田×アラン・ラドキン	1965年11月30日	フジテレビ	60.4
9	ついに帰らなかった吉展ちゃん	1965年7月5日	NHK	59.0
10	ミュンヘンオリンピック	1972年9月8日	NHK	58.7

（出所）日本と世界の統計データ.

　特に，スポーツがテレビ番組の重要な部分を占めている．ノンバーバル（非言語）コミュニケーションであるテレビ映像はスポーツと非常に相性が良い．スポーツは，産業や経済の重要な要素にもなり，宣伝や国内ないし国際的なテレビプログラムに欠かせなくなっている．スポーツはただモノを売る場であるばかりではなく，あらゆる種類のために利用される市場になっている．

　表1-2の日本の歴代テレビ視聴率ランキングTOP10を見ても，NHK紅白歌合戦とNHKドラマ「おしん」などの３つの項目を除いてすべてスポーツ番組である[1]．日本人はオリンピック，ワールドカップサッカー，ボクシング，レスリングなどを含めたスポーツへの関心が高いことが伺えるランキングである．

プロ野球球団の優勝による経済効果

　表1-3の過去プロ野球球団の優勝における経済効果を見ると，2005年阪神タイガースは643億円，2007年読売ジャイアンツ418億円，2010年中日ドラゴンズは215億円，2013年東北楽天ゴールデンイーグルスは230億円，2014年阪神タイガースは429億円，2016年広島カープの331億円と試算されている．

　東京マラソンの経済効果が271億円，大阪マラソンの経済効果が131億円と比較すると，いかに大きな経済効果かが理解できる．

表1-3　プロ野球球団の優勝効果

プロ野球日本シリーズ	波及効果	調査機関	調査時期
阪神タイガース	643億円	関西大学	2005年
読売ジャイアンツ（リーグ優勝）	418億円	日興コーディアル	2007年
中日ドラゴンズ	215億円	共立総合研究所	2010年
楽天ゴールデンイーグルス	230億円	関西大学	2013年
阪神タイガース	429億円	関西大学	2014年
広島カープ	331億円	関西大学	2016年

市民マラソン大会	波及効果	調査機関	調査時期
大阪マラソン	131億円	関西大学	2011年
東京マラソン	271億円	関西大学	2013年

（出所）海老塚［2017：37］を基に筆者作成.

表1-4　阪神タイガース優勝による影響

(%)

質問項目	一般	阪神ファン
関西の景気が上向く	69.6	72.7
阪神が優勝したら「世の中に何かが起こる」	95.5	96.1
阪神が優勝したら「自分自身に何かが起こる」	49.2	77.6

(調査月)

質問項目	6月	7月
自分が以前からの「阪神タイガースファン」	39.4	45.9
阪神が優勝したら「財布のヒモが緩む」	49.2	52.2

（出所）海老塚[2017:38]を基に筆者作成.

　2003年の阪神タイガースは6月時点で2位と12ゲーム差をつけて，7月には15ゲーム以上の差を広げてリーグ優勝を飾った．その際に，関西における対象者555名に対し，2003年6月と7月の2回，電通関西支社が阪神タイガースの影響について調査した（表1-4）．その結果は，阪神ファンの強烈な個性を示すものであった．阪神タイガースが優勝すると，「関西の景気が上向く」と回答した阪神ファンは72.7％おり，一般の人の69.6％に比べ3.1％高い．また，

96.1％の阪神ファンが阪神タイガースの優勝が「世の中に何かが起こる」と考えていた．一般対象者の95.5％に比べ0.6％高い．さらに，阪神タイガースが優勝したら，「自分自身に何かが起こる」と答えた一般の人は49.2％しかないのに，阪神ファンは77.6％もの人が回答している．

　阪神タイガースが優勝すると，「財布のヒモが緩むか」という質問には，6月から7月で49.2％から52.2％と3％向上している．また，「自分は以前から阪神ファンである」という人が6月から7月で，39.4％から45.9％と6.5％向上している．隠れファンの存在が浮き彫りになったのだろう．

　スポーツイベントは，「イベント自体の営業収支とは別に人々のモチベーションを喚起し，積極的な行動に駆り立てることがわかっている」［海老塚 2017：37］．そこには，スポーツが起因する非日常性が関係している可能性があるという．

　関西にある阪神タイガースという1つのスポーツチームが経済に影響を及ぼすのである．スポーツはただモノを売る場であるばかりではなく，あらゆる種類のために利用される市場になっていることが理解できよう．

日本の新聞社によるスポーツイベントの発展

　新聞においても，信頼できる日刊紙から毎日のスポーツ面がなくなってしまった場合，もはや発刊できないといっても過言ではない．日本新聞協会が実施した読者調査で，最も読まれている面としてテレビ・ラジオ番組面があがったが，男性読者に層別するとスポーツ面が番組面を上回る結果となった．平均38面建ての読売新聞や朝日新聞朝刊のスポーツ面は，4面に渡ることが多いが，夕刊にもスポーツ記事が掲載される．夕刊にスポーツ記事がコンスタントに載るようになったのは1995年からだ．これは野茂英雄がロサンゼルス・ドジャースに移籍し，大活躍したためだ［海老塚 2017：129］．米国との時差でMLBの試合は日本では午前中になる．日本中が注目している試合の結果報道を翌日朝刊まで遅らせることはできないと判断したからである．

　日本におけるスポーツイベントの発展には新聞社が大きな役割を果たしている．海老塚［2017］によると，時事新報が1901年に，東京・上野不忍池12時間競争を開催した．長距離走への関心が高まっていた時代に大学野球が始まり，1903年に第1回早慶戦が行われた．1906年には両校関係者間の応援の過熱により早慶戦自体が中止になるほどであった．

　1879年に大阪で創刊された朝日新聞は1888年に「めざまし新聞」を買収して

東京へ進出し，全国紙への道を歩み始めた．1915年8月に大阪朝日新聞主催で第1回中学校野球優勝大会が行われた．今の夏の甲子園大会である．当時はまだ甲子園球場はなく，大阪北部の豊中グランドに全国の予選を勝ち抜いた各校が参加して開催された．

　1924年，東洋一といわれた甲子園球場が完成した．この年が干支でいうと，甲子（きのえね）の年にあたることから甲子園球場と名付けられた．朝日新聞は大阪本社だけでなく各県支社（通信部）も県大会を後援し，社をあげて学生野球の振興に力を入れていった．しかし，日本高校野球連盟（高野連）が発足するのは，戦後の1946年で随分と後になってからである．

　他紙も新しいスポーツの開拓を通じて読者を獲得しようと積極的に働きかけた．この傾向は東京よりも大阪で顕著であった．第1回中学校野球優勝大会の3年後には毎日新聞が日本フットボール優勝大会（現在の全国高校サッカー，全国高校ラグビー）を立ち上げるなど，ライバル紙の間でオリジナルイベント争いがスポーツのすそ野を拡大させた．

　大阪に比べて新聞社がスポーツ大会の開催に熱心ではなかった東京だが，現在まで継続する大会が生まれている．1920年には，報知新聞（現在の読売新聞）は，東京箱根往復大学駅伝を開催した（**表1-5**）．

　また，学生野球に対抗して社会人の野球大会が開催された．1927年8月，神宮球場で12チームが出場した第1回都市対抗野球大会である．当時，プロ野球はまだ発足せず，学生野球が人気だった．学生野球だから，かつて中学・大

表1-5　新聞社が実現させた日本のスポーツイベント

開始年		主催者
1901	上野不忍池12時間競走	時事新報
1908	阪神マラソン	大阪毎日
1915	全国中学校野球優勝大会（全国高校野球選手権）	朝日新聞
1917	東海道五十三次駅伝徒歩競走	読売新聞
1917	京浜間マラソン競走	報知新聞
1918	日本フットボール優勝大会（高校ラグビー, 高校サッカー）	毎日新聞
1920	東京箱根往復大学駅伝	読売新聞
1924	選抜中学校野球大会（選抜高校野球）	毎日新聞
1927	都市対抗野球大会	毎日新聞
1946	琵琶湖毎日マラソン	毎日新聞

（出所）海老塚［2017：132］．

学野球の花形だった選手をファンがもう一度見たいと願っても卒業後は難しい。こうしたファンの要望に応えれば購読者増につながる。東京日日新聞（現在の毎日新聞）の記者であった島崎新太郎が、MLBのように都市を基盤とした実業団野球の開催を思いついたという［海老塚 2017：131］。

世界と日本のプロスポーツリーグ比較

世界の主要リーグの収入比較では、米国の４大スポーツの NFL（アメリカンフットボール）、MLB（野球）、NBA（バスケットボール）の収入が最も多く、次いで欧州のサッカーリーグのプレミアリーグ、ブンデスリーガ、米国のNHL（アイスホッケー）となっている。米国４大スポーツであるNFLの2010-11年シーズンの収入は9300億円、MLBの収入は7000億円、NBAの収入は4700億円、NHLの収入は2900億円、英国のプレミアサッカーリーグの収入は3250億円である。大学のスポーツ組織であるNCAAは8000億円もあるのに対して、日本のプロスポーツは、プロ野球（日本野球機構、NPB）が最も多く1200億円、Ｊリーグがシー1とＪ2を含めて845億円しかない。Ｊリーグは、米国のMLS（サッカー）と同じ程度の収入規模となっている。日本のプロフェッショナルスポーツリーグは、世界の主要リーグと比較して、収入および市場規模において大きく差を開けられているのが理解できる。

国内の主要なプロスポーツである野球とサッカーにおいて比較すると、

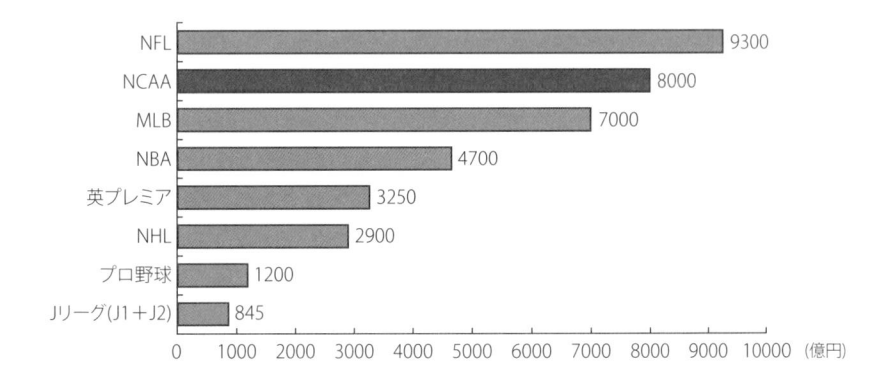

図1-1　世界のプロスポーツリーグ売上比較（2010-11年シーズン）

（出所）トランスインサイト［2016］。

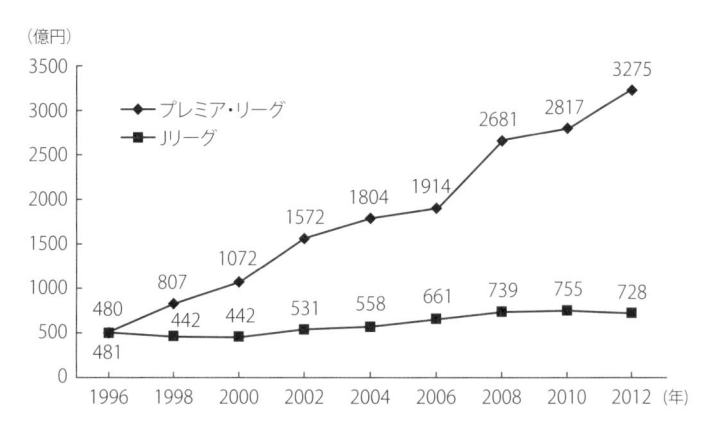

（億円）

- プレミア・リーグ
- Jリーグ

480
481
807
442
1072
442
1572
531
1804
558
1914
661
2681
739
2817
755
3275
728

1996　1998　2000　2002　2004　2006　2008　2010　2012 (年)

図1-2　英国プレミアリーグとJリーグの収入比較

（出所）Deloitte Annual Review of Football Financeおよびスポーツ庁・経済産業省［2016:26］より筆者改編.

MLBが約7000億円に対して，NPBは約1200億円と6倍近くの差がある．プレミアリーグの約3250億円に対して，Jリーグは約845億円とおよそ4.5倍の収入格差が生じている（**図1-1**）.

　野球，サッカーにおいては，世界のトップリーグと比べて，20年前はその差は小さかったものの，現在ではそれぞれ 約4.5倍，約6倍といった差が生じているのである（**図1-2**）. この背景として，4大プロスポーツを有する米国では，世界中から選び抜かれた選手による「魅せる」スポーツと「みる」スポーツに焦点を当て，エンターテインメント性を重視したサービスを展開した．これにより，多様で多角的な観客との関係構築などの戦略的な活動を実践したことにより，ビジネスや市場の拡大を支えている.

　また，欧州等のプロリーグを含め，大きな収入源として放映権料や海外でのコンテンツ展開が挙げられるが，日本においてはそうした取組みが十分に行われていない.

世界と日本のスポーツメーカー比較
　日本におけるスポーツ産業の歴史は古い．スポーツ用品の製造・販売に関しては，1906年のミズノをはじめとして，1935年にデサント，1949年のアシックスという世界的なスポーツメーカーが創業している．現在，世界最大の売上高

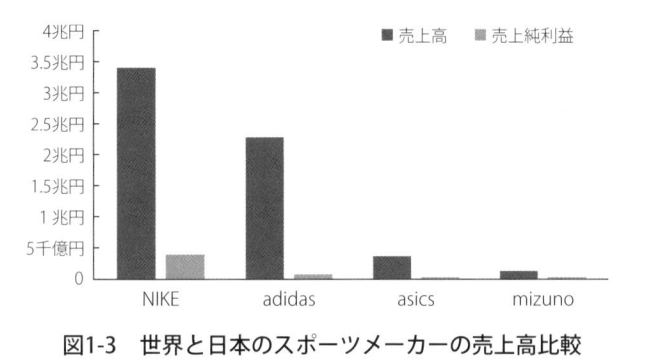

図1-3　世界と日本のスポーツメーカーの売上高比較

（出所）『会社四季報』東洋経済新報社，2017年，hypebeast.comを基に筆者作成.

を誇る米国NIKEは1964年創業である．adidasとPUMAの前身であるダスラー兄弟商会は1920年の創業である．つまり，日本のスポーツ用品産業は，世界的に見ても早い時期に創業していることになる［相原・庄子・櫻井 2018：31］.

　しかし，2016年度のスポーツメーカーの売上高は，NIKEが売上高３兆4318億円，純利益3985億円，adidasが売上高２兆3300億円，純利益1233億円となるのに対して，アシックスは売上高4284億円，純利益274億円，ミズノは売上高1960億円，純利益29億円である（**図1-3**）．NIKEとアシックスの売上高を比較すると約８倍，ミズノと比較した場合には約17倍もの差がある．NIKEは1964年に創業した後発のスポーツメーカーであるので，驚異的な発展で業界１位にまで成長を遂げたことになる.

世界と日本のスポーツ市場規模比較

　オリンピック・パラリンピックやFIFAワールドカップに代表される国際イベントと各国の国内リーグなど含めたすべてをスポーツイベントとして捉えた場合，その市場規模は2009年に584億ドルであった総収益は，2013年には761億ドルに達したと米国コンサルティング会社A.T.Kearneyは推定している［A.T.Kearney 2014：1］．この期間におけるピークはロンドンオリンピックとサッカーの欧州選手権（EURO2012）が開催された2012年の782億ドルであった．A.T.Kearneyによると，2009～2013年の４年間におけるグローバル・イベント市場の年平均成長率（CAGR）を7%と分析した．７％という数字はその期間の各国GDP（国内総生産）の成長率を上回り，米国GDPの1.6倍，ブラジルGDPの1.8

倍，英国GDPの3.9倍に上る．急成長中であった中国のGDPに対しても1.1倍と上回っている．つまり，スポーツイベント市場は一般の経済成長を凌駕し拡大し続けている．2013年からの4年間も年平均成長率は5％で伸長し，2017年には909億ドルに達すると予測している．今後もこの傾向は継続する

　A.T.Kearneyは，スポーツ用品・用具の市場規模が3100億ドル，フィットネスクラブなどのスポーツジムが1050億ドル，その他の様々なスポーツ関連ビジネスを加えたグローバルスポーツ市場は総計で6000億から7000億ドルと試算している．全世界のGDPのおおよそ1％を占めると推測している．

　これに対して，日本のスポーツ市場規模は，5.5兆円と日本政策投資銀行が試算している．スポーツ庁によると，2002年時点では7兆円だったが，2012年では5.5兆円と減少傾向にある［スポーツ庁・経済産業省 2016：7］．特にこの10年間で大きく減少している産業として，スポーツ施設業を挙げている．例えば，ゴルフ場業は2002年で1.1兆円の市場規模であったが，2012年には0.5兆円となり，0.6兆円も減少している．そのほかにも，スキー場やテニス場といった類似したスポーツ施設業も同様に減少傾向にある．こうした衰退の要因として，プレーヤーの高齢化や新規および若年層の未開拓によると考えられる．

日本におけるスキー施設業の盛衰

　スキー場を含めたスキー施設業を例にあげよう．国内スキー人口がピークに達したのは1990年代前半．スケートを含むスキー関連用品の市場規模は4000億円を超えた．1987年公開の映画『私をスキーに連れてって』のヒットなどをきっかけに，若者を中心に人気が急上昇した．人気アーティストとタイアップしたCMがヒットし，日帰りスキーが流行した．千葉県船橋市には屋内人工スキー場も開設されたほどであった．その後，レジャーの多様化に加え，不況でお金をかけられる人が減り，社会人になった世代は時間も取りにくくなったことなどからブームは去り，市場も約4分の1まで縮小した．

　スキーやスノーボード産業の苦戦が続く中，日本のスキー場を訪れる外国人観光客が増加している．日本の上質な雪は，「Japow (Japanese Powder Snow)」と言われ，海外から人気が高い．北海道や長野県の大型リゾートなどを中心にオーストラリアや欧米に加え，2022年北京オリンピック・パラリンピック冬季大会を控える中国などアジア地域からのインバウンド（訪日客）が急増している．観光庁の推計では，スキーやスノーボードを目的とした訪日客は，2012年の約

27万7000人から2017年には85万8000人となった．3倍を超える増加傾向にある．³⁾

　国内需要においても，定年退職した世代やスキーブームを経験した若者が家族連れでスキーやスノーボードを享受するようになった．授乳室の設備を充実させたり，スノーボードの使用区域を制限したりして差別化を図っている．2017年12月には兵庫県に国内で14年ぶりに新たなスキー場がオープンしている．インバウンド需要を契機に，国内の利用客が増加し，かつてのような賑わいの復活を期待できる．

スポーツ施設改革

　スポーツ庁は，2025年までに15.2兆円の産業規模の拡大を目指している．スポーツ庁はスポーツ人口を増やすために，スポーツ観戦人口の増加を促すことが重要だとしている．スポーツ観戦に伴う顧客経験価値（カスタマーエクスペリエンス）を高めるため，飲食・物販・宿泊などの付帯施設のあるスタジアム・アリーナの整備が重要となってくる．アリーナへの大型投資によるスポーツを核とした街づくりは，人口減少下での地域活性化につながり，波及効果を多く促進するインフラ投資になると考えている［スポーツ庁・経済産業省 2016：9］．

　これまでのような公共施設の赤字経営となっているコストセンターから収益を創出するプロフィットセンターへ発展を遂げることが期待されている．

　例として，米国のマディソン・スクエア・ガーデン（Madison Square Garden）を挙げる（写真1-1）．マディソン・スクエア・ガーデンは，NBAのニューヨーク・ニックスやNHLのニューヨーク・レンジャースの本拠地であり，年間400以上ものイベントが開催されている世界で最も有名なアリーナである．スポーツだけでなく，コンサートや政党の大会など多岐にわたって使用される施設である．コンサートホールは5000人，アリーナは2万人収容可能であり，チケットの売上は常に世界上位である．マディソン・スクエア・ガーデンの地下にペンシルベニア駅があるため交通の便が良い．1968年に世界で初めて鉄道の駅を併設した建築物として当初から注目を浴びていた．段差の急こう配な座席構造を利用してアリーナの中にブリッジを建設している．観客の視線が邪魔にならない部分にVIPラウンジ「CHASE BRIDGE」を誕生させた独自の座席がある（写真1-2）．

写真1-1　マディソン・スクエア・ガーデン

（出所）筆者撮影.

写真1-2　CHASE BRIDGE

（出所）筆者撮影.

ロンドンオリンピックスタジアムの改修後

　ロンドンオリンピックスタジアムは，2012年の夏季オリンピックの主競技場として，開閉会式と陸上競技が行われた．オリンピックの終了後は，最終的には，観客席を 5 万4000人に減築して，夏季期間は陸上競技やコンサートなどのイベントで使用，冬季期間はサッカー専用スタジアムとして使用する計画で決定さ

写真1-3　ロンドン・スタジアム

（出所）筆者撮影.

れた．撤去される仮設エリアの上部観客席は観戦しにくいと評判が悪く，1層
地上部の観客席とピッチとの間の距離が長く，サッカースタジアム向きではな
いとされていた．

　改修工事は，約2万5000席の観客席の撤去や，サッカー試合の観戦環境を改
善するために陸上トラックの上を覆う「収納式」可動席（約2万1000席）の設置，
観客席の全てを覆う屋根を設置（五輪大会開催時は約40％の観客席が屋根なし）した．
2016年に改修工事は終了し，可動席を含めると約6万人収容となったスタジア

写真1-4　MLBの公式戦で使用されたロンドン・スタジアム

（出所）筆者撮影.

ムは再オープンしている. 2017年8月4日から8月13日には「世界陸上競技選
手権大会」が開催され, 2015年9月18日から10月31日まで開催された「ラグビー
ワールドカップ2015　イングランド大会」では予選と3位決定戦の5試合が行
われた.

　2019年6月29, 30日の2日間, 米国MLBは, リーグ史上初めてロンドンで
公式戦を開催し話題を集めた. 歴史的な試合だったこともあり, MLBはリー
グ屈指の好カードであるヤンキース対レッドソックス戦を開催し, ロンドンス
タジアムには2試合で約12万人（MLB発表11万8718人）の観客でスタンドは埋まり,
成功裡に終わった.

謝辞

　本研究は大阪経済大学共同研究費（2018～2019年度）の助成を受けたものです.

注)

1 ）日本と世界の統計データ「日本の歴代テレビ視聴率ランキング」（https://toukeidata.
　　com/bunka/tv_rekidai_sityoritu.html, 2021年9月1日閲覧).

2 ）1ドル＝100円, 1ユーロ＝130円で計算. NCAAはカンファレンス, 大学を含む全ての
　　収入の合計. トランスインサイト ［2016].

3 ）『読売新聞』朝刊22面, 2019年2月21日.

参考文献

相原正道・林恒宏・半田裕・祐末ひとみ［2018］『SPORTS PERSPECTIVE SERIES1　スポーツマーケティング論』晃洋書房.

相原正道・上田滋夢・武田丈太郎［2018］『SPORTS PERSPECTIVE SERIES2　スポーツガバナンスとマネジメント』晃洋書房.

相原正道・庄子博人・櫻井康夫［2018］『SPORTS PERSPECTIVE SERIES 3　スポーツ産業論』晃洋書房.

海老塚修［2017］『マーケティング視点のスポーツ戦略』創文企画.

スポーツ庁・経済産業省［2016］「未来開拓会議中間報告書」.

トランスインサイト［2016］「Jリーグを遙かに凌ぐ，米大学NCAAの稼ぎ方」（https://www.transinsight.jp/blog/?p=825，2021年9月1日閲覧）.

野村総合研究所コンサルティング事業本部［2017］「企業スポーツに対する市民意識に関するアンケート調査」.

A.T.Kearney,［2014］"Winning in the Business of Sports."

2 *sports management : the beginning*
スポーツマネジメントとは［入門編］

▼ *1.* スポーツマネジメントとは何か

スポーツマネジメントの定義

　スポーツマネジメントとは，その名の通り「スポーツ」と「マネジメント（経営）」を組み合わせたものである．その定義は様々あるものの，一般的には「マネジメント（経営）」という言葉からもわかるように，「スポーツに関わる組織が目的達成のために，事業を効率よく行っていくための働きかけ」であると言える．

　多くの人にとってのスポーツは，実際にプレイしたり観たりすることによって楽しむものであり，自らが「消費」するものなのではないだろうか．チケットを買ってスポーツを観戦したり，会費を支払ってフィットネスクラブなどでスポーツを行ったり，または自由な時間を使ってスポーツに打ち込んだりする人のことを「スポーツ消費者」という［原田 2018］．スポーツは，多くの人に嗜好されるものであるがゆえに，この消費の側面が強調されやすいものでもあるが，スポーツマネジメントを理解するためには，スポーツ消費者にスポーツを提供する「生産者」，つまり「スポーツ組織」の立場になって考えることが重要である．山下［2005］は，スポーツマネジメントを「スポーツに生命を吹き込む活動」と呼んでいるように，実際に人々がスポーツをしたり観たりする場は，たえず誰かによって整えられ，提供されているのである．

　では，スポーツ組織とは何であり，スポーツを生産するというのはどういったことを指すのだろうか．松岡［2010］は，大きく成長したアメリカ合衆国のスポーツ産業の分類［Li et al. 2001］を参考に，日本におけるスポーツ組織の分類を行った（**図2-1**）．この図からは，スポーツ産業が拡大を続ける現代において，人々のスポーツをする・みるというスポーツ活動を生産するために，多く

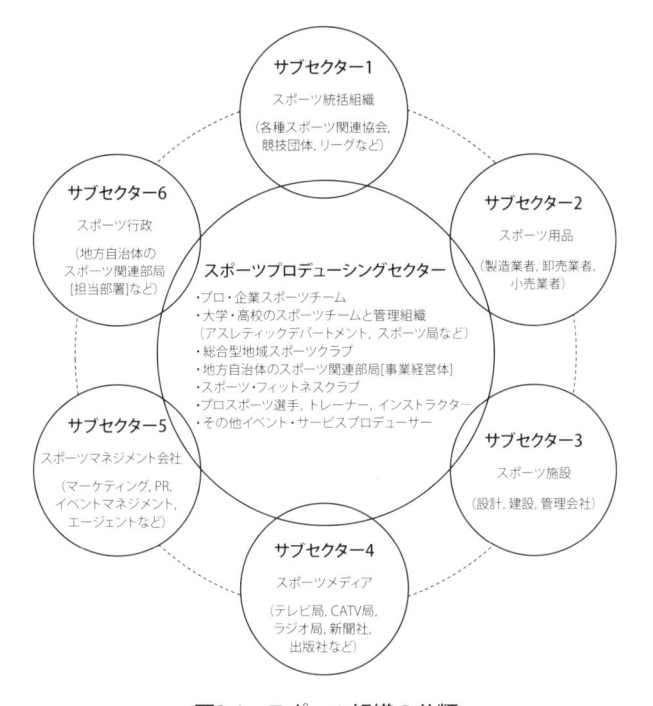

図2-1 スポーツ組織の分類

(出所) 松岡 [2010], 原田 [2015] に加筆.

の組織が関わっていることを読み取ることができる．中心には人々のする・みるスポーツ活動を直接的に生産する組織をスポーツプロデューシングセクターと位置付け，周囲にはそれらを支えるサブセクターとして，統括組織や用品，施設，メディア，マネジメント会社，行政などのスポーツ関連組織が位置づけられている [松岡 2010; 原田 2015]．スポーツにおいて生み出される産物はスポーツプロダクト（スポーツサービス）と呼ばれるが，それは，する・みるなどのスポーツ活動を指しており，スポーツ用品や施設，メディアなどは，あくまでもそれをサポートするものである．フィットネスクラブには装備や装置が整えられているし，スポーツをする人はスポーツアパレルや用品を購入して身に付ける．プロスポーツ観戦の場面では，大型のスコアボードによって試合の進行が分かりやすくなり，そこで繰り広げられる様々な演出によってファンの試合における経験価値が高まることもある．しかし，これらの物的な製品はスポーツ

マネジメントの直接的な対象ではなく，スポーツマネジメントの対象となるのはそれらを用いて生み出されるスポーツサービスである［Chelladurai 2001］．例えば，フィットネスクラブにおいてどのようなプログラムを提供するかであったり，プロスポーツリーグにおいていかに戦力均衡を図るか，またプロスポーツクラブでレベルの高い試合や会場でのエンターテインメントを提供するにはどうすればよいか，などがスポーツマネジメントにおいて検討されるべき事項である．

　プロスポーツの試合を例に挙げると，競争する2つのチームによって生産されるスポーツプロダクトは試合であり，人々は観戦経験を通じてそれを「消費」する．この試合は，物的な製品ではなく，無形のサービスとして提供され（無形性または非可視性），あらかじめ生産しておくことができず（非貯蔵性），選手と観客が同時に関わり合うことによって生産と消費が同時に起こる（非分離性）．さらに，二度と同じものは生産されず（非均質性），予測できないこと（予測不能性）に大きな価値が生まれるような特性を持っている［Mullin 2007; 広瀬 2009; 松岡 2010］．こうしたスポーツプロダクトにおける特異性は「スポーツ」ならではのものと言われており，なぜ「スポーツ」マネジメントなのか（例えば，「自動車」マネジメントという言葉が無いのに，というような主張は過去にもある［広瀬 2002; 奈良 2020］），他のマネジメントとはどこが異なるのかを説明することにも役に立っている．どこまでが特異で，どこまでが一般的なマネジメントの範囲で解決できるものなのかは現在も研究が続けられているところであるが［Chalip 2006; Hoye et al. 2018; 吉田・辻 2018］，このようなスポーツの特徴を踏まえた上でマネジメントを考えることが必要になってくるのである．

　またスポーツ組織には，ここまで挙げた営利（ビジネス）的な側面だけではなく，後述するが，文化としてのスポーツの普及と創造を図る［清水 1994］という社会的役割が期待されている．例えば，非営利団体である競技団体（協会や連盟）において，人口減などの影響を受けて登録者数の減少が起こっている場合，他競技との競合ではなく共存・協働していくなど，適切なマネジメントを取り入れることが必要とされている［溝口 2017］．そうした動きは，人々のスポーツ活動を守ることにもつながっていくだろう．スポーツマネジメントは，営利・非営利に関わらず，スポーツに関わる組織がそれぞれの目標を達成するために機能するべきものである．

体育からスポーツへ

　学問としてのスポーツマネジメントの起源をたどると，アメリカにおける学校体育の組織管理を対象とするものにいきつく［Chelladurai 2001］．体育は，スポーツを教育の手段として活用し多くの人々の身体・人間形成に寄与しているものであるが，アメリカでは高校や大学においてもスポーツ人気が高まりビジネス化していったことや，さらに4大スポーツリーグといわれるNFL（アメリカンフットボール），MLB（野球），NBA（バスケットボール），NHL（アイスホッケー）というプロスポーツ産業の発展によって，スポーツマネジメントの対象は学校体育から市民全体のスポーツ活動やプロスポーツまで，幅を広げていくこととなった．日本においても，戦後のスポーツは体育と密接に結びついて発展しており，スポーツマネジメントは体育管理学や体育経営学，体育・スポーツ経営学という分野において検討されてきた．同様に，日本においてもスポーツ産業の発展や，技術革新などによって，その対象はプロスポーツや地域スポーツなどに発展している［大野 2020］．

　ここで，さかのぼって「スポーツ」の意味を考えてみると，「スポーツ」の語源はラテン語の「deportare（デポルターレ）」という単語にあり，その意味は運び去る，運搬することを指すものであった．そこから，気分転換や気晴らし，日常から離れて行う余暇活動のことを「スポーツ」と総称するようになった．時代の流れとともにスポーツを取り巻く環境は変わり，スポーツが様々な意味や価値を持つようになっていく中，1968年にメキシコにて開催された国際スポーツ科学・体育協議会（International Council of Sport Science and Physical Education）にて発表された「スポーツ宣言（Declaration on Sport）」の前文において，スポーツは「遊戯（プレイ）の性格を持ち，自己または他人との競争，もしくは自然の構成要素との対決を含むあらゆる身体的活動」と定義された．また，「その活動が競争を含むものであるならば，常にそれはスポーツマンシップの精神に則って行われなければならず，フェアプレイの理念なくしては，真のスポーツは存在しない．このように定義されるスポーツは，教育における注目すべき手段である．」と説明されている．このことからも，日本ではスポーツが体育の文脈で発展してきたことも自然な流れであったともいえる．近年では，「体育の日」が「スポーツの日」に改称されたり，様々な「体育」を名称に含む団体や大会において「体育」を「スポーツ」に置き換えて改称する動きがある（日本体育協会→日本スポーツ協会，国民体育大会→国民スポーツ大会など）ことは，

改めてスポーツの教育以外の価値を問い直す動きでもあるだろう．国内外のスポーツ憲章や宣言において，その個人的な価値や社会的な価値が認められてきており，スポーツは個人として体力の向上や心身の健康，自己表現，充足感を得られる価値を有していると同時に，それが人とのつながりを生んだり，地域活性化，経済的・社会的効果の醸成，グローバル課題の解決などに寄与する社会的価値を有していることが示されてきた［スポーツ庁 2016］．

　日本では，体育＝スポーツという誤解があることもしばしば報告されており，スポーツの持つ自発性や自由な発想が抑制されている懸念もある．しかし一方で，遊びの要素を追求した競技としてのスポーツには新たな潮流も生まれており，例えば，ニュースポーツやエクストリームスポーツがそれにあたる．サッカーやバスケットボール，テニスなどの近代スポーツに対し，20世紀中ごろに開発されたスポーツをニュースポーツと呼ぶ．ニュースポーツは既存スポーツの改編によって作られる場合が多く，サッカーから派生したフットサルや，ソフトテニス，ビーチバレー，3×3バスケットボール，7人制ラグビーなどもそれにあたる．エクストリームスポーツは，若者の間で人気を博し，サブカルチャーとしても発展している過激で危険性やスリルの伴うスポーツのことで，スノーボード，サーフィン，フリースタイルスキー，フリースタイルモトクロスなどが含まれる［澤井 2020］．さらに，多くの場合スポーツは身体的活動が伴うことを強調されているが，野球やサッカー，バスケットボールなどの身体的な競技を「フィジカルスポーツ」と呼ぶのに対し，頭脳を駆使して競う将棋や囲碁，チェスなどを「マインドスポーツ」と呼ぶこともある．ビデオゲームなどによってバーチャル空間で競うeスポーツもまた，後者の「マインドスポーツ」に入ると主張されている［筧 2018］．実際に，アジア・オリンピック評議会が主催するアジア競技大会において2022年からチェスが正式種目になったり，eスポーツが2019年に開催された「いきいき茨城ゆめ国体」において文化プログラムの一環として採用された．そうした動きは，それらの競技をスポーツと呼ぶかどうかという賛否はあるものの，日本における競技としてのスポーツのとらえ方が間違いなく多様化していることを意味している．

　スポーツの商業化・産業化の波に乗り，社会にも大きな影響を与えるようになったスポーツを扱うスポーツ組織にとって，消費者への様々なプロモーションの手段も，科学技術の躍進などによってたえず変化している．スポーツを観る人も，今では試合会場とテレビ放送だけではなく，DAZN（ダゾーン：スポー

ツ専門の定額制動画配信サービス）などの参入によってインターネット放送が主流
となりつつあるし，スポーツをプレイする環境も，今後VR（ヴァーチャル・リア
リティ：仮想現実）やAR（オーグメンテッド・リアリティ：拡張現実）の発展によって
さらに多様化することが予想される．また，ダイバーシティ（多様性）の時代
においては，誰もが参加できるスポーツとして，健常者も障がい者も一緒にス
ポーツに参加できるユニバーサルスポーツの概念が浸透していることなどを鑑
みると，関わるスポーツ組織にはそれぞれの適切なマネジメントが必要とされ
るのである．

▆▶ *2.* なぜスポーツマネジメントが求められるのか ◀

文化としてのスポーツ

　これまでの歴史を振り返ると，スポーツは文化としての価値が認められてき
たことがわかる．日本で2011年に制定されたスポーツ基本法でも，前文におい
て「スポーツは，世界共通の人類の文化である．（中略）スポーツを通じて幸福
で豊かな生活を営むことは，全ての人々の権利であり，全ての国民がその自発
性の下に，各々の関心，適性等に応じて，安全かつ公正な環境の下で日常的に
スポーツに親しみ，スポーツを楽しみ，又はスポーツを支える活動に参画する
ことのできる機会が確保されなければならない．」と定められている．文化と
してのスポーツの構成要素には，「スポーツ観」「スポーツ規範（スポーツにおけ
る規則や規定）」「スポーツ技術・戦略・戦術（競技ごとの独自技術など）」「スポー
ツ物的事物（スポーツ用に開発された用品や施設）」があるが，ここでは「スポーツ
観」に着目したい．

　スポーツ観とは，「人間と社会との関連から見た，スポーツの価値づけに関
わる望ましさを中核とする考え方」と定義されており［中西 2012］，人間にとっ
てスポーツがなぜ必要なのか，社会に対してスポーツが持つ存在意義がどのよ
うなものかを示し，その意義や価値実現に向けてスポーツを方向付ける考え方
である［藤田 2016］．スポーツ観には，スポーツの外的価値に着目し，例えば社
会課題解決のためにスポーツを手段として用いる「スポーツ手段論」と，スポー
ツの内的価値に着目し，スポーツを経験することで得られる個人的価値を求め
る「スポーツ目的論」の2つがある．中西［2012］は，現代社会ではスポーツ
手段論が独走し支配的であることから，オリンピックが過度に商業化されてし

まうことなどを「スポーツ文化の危機」と表現した．このスポーツ目的論と手段論のバランスは，非常に重要な事項であると考えられる．スポーツという文化には，常に良し悪しが付きまとっており，健康や体力向上，楽しさ，社会性の醸成といったポジティブな側面を認める一方で，行き過ぎた競争の中で生じるアンフェアで非道徳的な行為，勝利至上主義の横行，不正・不祥事の頻発によるガバナンスの欠如，過度な商業化などのネガティブな側面とがあることを認識しておかなければならない［近藤 2020］．スポーツの内的価値を理解しつつ，損なわないように外的価値と結び付けていくバランスが求められているのであろう．

「スポーツは価値のあるものだ」という目的論のみに立った主張は，スポーツの培われてきた文化からすると正当化されるべきものでもあるかもしれないが，そこに関わる組織に適切なマネジメントが存在しなければ，悪い方向に舵を切ってしまうことをも意味している［Chalip 2006; Zeigler 2007］．スポーツ政策などにおいても，スポーツが公的に良いものだからという理由だけで競技団体に公的資金が投入されてきた結果として，マネジメントの欠如が叫ばれていることも事実としてある．Long and Sanderson［2001］が，スポーツの利益のためのスポーツはもはや価値を持たないと主張していることや，老平［2020］が「スポーツは良いものだから多少問題があっても人々が支援してくれるはずだ」という発想を強く批判しているように，スポーツを文化として定着させるためには，関わる組織の努力が必要なのである．

スポーツ市場の拡大

スポーツマネジメントは，主に欧米のスポーツビジネス拡大とも相まって発展してきた［原田 2015］．スポーツ市場が拡大することによって，**図2-1**に示したスポーツ組織も多様化してきたのである．スポーツビジネスにおいてマネジメントを考える際には，スポーツマネジメントはスポーツがもたらす経済的利益も含めて，スポーツの持つ価値をいかに最大化できるかにも主眼が置かれている．特にアメリカの4大スポーツや欧州のプロサッカーリーグ（プレミアリーグやブンデスリーガなど）においては，放映権，スポンサー権，肖像権の販売等による多くの権利ビジネスが発展し，スポーツは一大産業として発展した．

日本でも，スポーツ産業市場の拡大は経済的にも重要視されており，第2期スポーツ基本計画においてもその数的目標が示されている（**表2-1**）．

表2-1　日本のスポーツ市場規模の拡大

(兆円)

スポーツ産業の活性化の主な政策		2012年	2020年	2025年
＜主な政策分野＞	＜主な増要因＞	5.5	10.9	15.2
① スタジアム・アリーナ　▶	スタジアムを核とした街づくり	2.1	3.0	3.8
② アマチュアスポーツ　▶	大学スポーツなど	-	0.1	0.3
③ プロスポーツ　▶	興行収益拡大（観戦者数増加など）	0.3	0.7	1.1
④ 周辺産業　▶	スポーツツーリズムなど	1.4	3.7	4.9
⑤ IoT活用　▶	施設，サービスのIT化進展とIoT導入	-	0.5	1.1
⑥ スポーツ製品　▶	スポーツ実施率向上策，健康経営促進など	1.7	2.9	3.9

(出所) スポーツ庁・経済産業省「スポーツ未来開拓会議中間報告～スポーツ産業ビジョンの策定に向けて～」一部改編（http://www.meti.go.jp/press/2016/06/20160614004/20160614004-1.pdf　2019年3月9日閲覧）.

　特にビジネス面において，日本におけるスポーツマネジメントの機能は欠如してきたと言われてきており［広瀬 2009］，スポーツの価値を最大化するためにも，スポーツマネジメントの存在は不可欠であると考えられている．スポーツ産業が発展し，既存分野が拡大することや，新たな分野が生み出されると，それらを対象とするスポーツ組織が拡大することとなり，その数だけスタッフは必要になり，スポーツ組織を運営するためのマネジメントが求められる．

多様なスポーツ組織におけるスポーツマネジメント

　このように，スポーツ産業の拡大とともに，主にビジネス面においてその利益を最大化することに着目することで，スポーツマネジメントは注目を集めてきた．本項では，様々なスポーツ組織で行われているマネジメントについて，競技団体で行われている改革の事例をもとに紹介する．

　2016年に発足したプロバスケットボール・Bリーグでは，まずプロリーグとしてとにかく収益事業に力を入れ「稼ぐ」ことに注力した．Bリーグ自体は公益社団法人ではあるが，まず，優秀な人材を集め，収益化をすることによって「普及」と「強化」の基盤をつくろうとしたのである（**図2-2**）［葦原 2018］．

　Bリーグでは，「世界に通用する選手やチームの輩出」「エンターテインメント性の追求」「夢のアリーナの実現」という3つの理念を掲げ，発足当初からの2つの大きな事業戦略として，デジタルマーケティングと権益統合を取り入れた．デジタルマーケティングでは，顧客のデータを各クラブが管理するのではなく，リーグで一括して管理することによって，チケット購入者やファンク

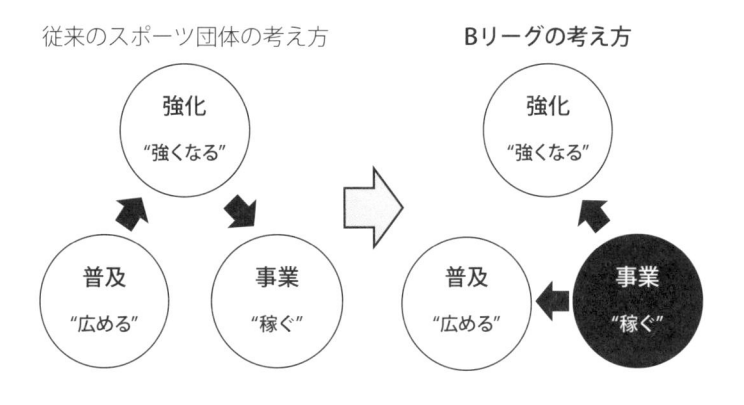

従来のスポーツ団体の考え方　　　　Bリーグの考え方

図2-2　Bリーグの考えるスポーツのサイクル

（出所）葦原［2018］.

ラブ加入者，ECサイトでのグッズ購入者，アリーナ来場者のデータをすべて収集してデータベースを構築した．また，権益統合においても，スポンサー権や放映権を協会，リーグ，クラブが協力して販売することによって，効率よく収益を上げていくことができるようになった［葦原 2018］．結果として，Bリーグは発足初年度から決算数値を右肩上がりに伸ばしており，クラブ合計の営業収入を発足前2015－16シーズンの83億円から，2019－20シーズンでは，新型コロナウイルス感染症の影響があったものの，224億円まで伸ばすことに成功している［Bリーグ 2020］．

　同様に，国内競技人口6000人というマイナー競技であるフェンシングでは，2017年に日本フェンシング協会の会長に同スポーツにおける日本初のメダリストである太田雄貴を迎え，強化を最上位理念に掲げず，「フェンシングを取り巻くすべての人々に感動体験を提供する」ことを最上位理念とし，様々な改革を行っていった［太田 2019］．そこには，太田の現役時代の競技生活におけるある思いが込められている．自身がメダルを獲得しても競技人口が思いのほか伸びなかったことや，メダル獲得直後の全日本選手権では，決勝戦にも関わらず客席には150人しか観客がいなかった．そこで，観るスポーツとして発展させるべく，2017年の高円宮杯ワールドカップではLEDディスプレイを導入し，選手名の表示やスポンサー表示，演出に活用したり，ダンサーによるパフォーマンスを導入することから大会改革が始まった．全日本選手権では，複数日

にまたがっていた日程の集約，ルール説明や館内ラジオの導入，会場内PAや
MC，LEDパネルなどの導入，高付加価値チケットの販売（VIP席や指定席）な
どによって，エンターテインメント化を進めていった．結果として多くの観客
を集めることに成功した翌年には，全日本選手権を「東京グローブ座」という
劇場で行うこととなり，大きな注目を集める中チケットは即座に完売した．興
味深いのは，このような改革において，特に日程の集約やエンターテインメン
ト化などにおいては選手にも調整に負担をかけたことが示されているが［太田
2019：52］，その時に「アスリート・ファーストの精神をブレさせないこと」を
重要視していたことであり，「選手が最大限に力を発揮することを前提として，
競技の魅力を観客に効果的に伝えていくことを目指」したことであった［太田
2019：74］．大会の成功のために太田自身がリーダーシップを発揮して泥臭い営
業を行っていたことも，協会・アスリート全体で協働してフェンシングを発展
させる鍵となったのであろう．日本フェンシング協会では，そのVALUEの1
つ目に「Integrity：騎士道に基づく高潔な精神を有し自分を高める」ことが示
されており，そのスポーツの持つ内的価値を重要視し，それの価値を最大化し，
多くの人々に伝えるためにあらゆる手段を構築したのである．

　日本ゲートボール連合（以下「JGU」）では，1996年には50万人以上だった全
国の加盟団体登録会員数が，2018年には10万人を切り，さらにその年代別構成
では，70歳以上の高齢者が会員の85％を占めているため，存続の危機に瀕して
いる［日本ゲートボール連合公式サイト］．そこで，2018年9月より外部から経営人
材を登用し，「ゲートボール再生プロジェクト」を始動させた．その中では，「ゲー
トボール"beyond2024"構想」として，JGUと都道府県団体が「社会貢献組織」
へ生まれ変わるという宣言が出され，これまでの高齢者を中心とした「競技ス
ポーツ」から，全世代の多様な人々が様々な形で参加できる「レジャー＆コミュ
ニケーション＋競技スポーツ」へと改革することが示された．そこには，ゲー
トボールの「誰もが気軽に参加できることや，幸福なコミュニティを生み出す
包容力のあるチームスポーツ」という内的価値が問い直されており，次に，主
に若者をターゲットにして推進するプランが描かれている．具体的には，「小
学生」「大学」「ネット＆ゲーム」を拠点に，ゲートボールの現代的価値である「開
かれたチームスポーツ」「コンパクトで気軽なチームスポーツ」「知的でモダン
なスポーツ」を提供している．JGUは，既存のスポーツの価値を再考し，新た
なターゲットに戦略的にプロモーションを仕掛けていくことによって，潜在的

な競技者の獲得を目指している。その1つ1つの戦略が明確な意図を持って行われており，小学生への普及展開は全世代への普及の基礎作りを目指したものであり，大学スポーツへの展開は，普及活動のパートナーとして大学生を位置づけることで，若者を巻き込もうとしている。スマートフォン用アプリの開発なども行われており，それも若者の競技者を今後獲得する1つの策として期待されている。3つの拠点においては，これまでゲートボールに関わったことのなかった人が関わっている様子が報告されており，また，各地域で高齢の既存競技者と，若い新規競技者が交流する場面もみられたことからも，これもスポーツ組織にマネジメントの重要性が示されている例であると言えよう。

◤ 3. プロスポーツクラブのマネジメント ◢

　本節では，プロスポーツクラブのマネジメントに触れていく。日本のプロスポーツといえば，プロ野球（日本野球機構，NPB）やJリーグ（日本プロサッカーリーグ），Bリーグなどを思い浮かべる人が多いだろう。しかし，様々なスポーツにおいてプロリーグが定着し始めたのは1990年代以降であり，それまで日本のトップレベルのスポーツを支えてきたのは，1つの企業がチームを福利厚生や広告塔として所有する形式で運営される実業団スポーツであった。しかし，バブル崩壊後，企業の業績悪化などに伴い，企業がスポーツチームを手放し，休廃部に追い込まれるチームが相次いだ。1993年にJリーグが発足すると，独立採算によって運営会社が複数のスポンサーやファンを獲得してチームを運営するプロスポーツクラブが発展し始めた。Jリーグでは，ホームタウン制度を導入し，クラブは特定の市町村に本拠地を置いて地域名を掲げて活動することが必須条件となっている。プロスポーツクラブマネジメントについて理解するにあたり，まずは一企業が支える実業団スポーツと，複数の企業が支援する形をとるプロスポーツの違いを，企業視点で考えてみたい。ここでは，パナソニックを例に挙げる（**図2-3**）。

　図2-3左側の実業団スポーツチームの数々は，パナソニックの1つの部署として機能しており，チームの運営予算はパナソニックが100%配分する形をとっている。一方，JリーグJ1のガンバ大阪は，株式会社ガンバ大阪が，スポンサー収入やチケット収入などを収益源としてチームを運営している。ガンバ大阪の前身が松下電器産業（パナソニックの旧社名）サッカー部であったことからも，

実業団スポーツ（所有）　　　　　　　プロスポーツ（支援）

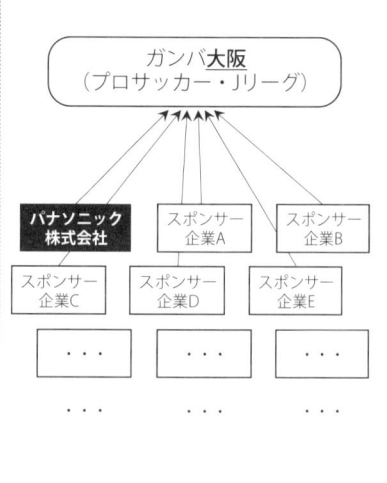

図2-3　パナソニック株式会社のスポーツチームとの関わり

（注）※2022年開幕の新リーグ参入に向け「埼玉パナソニックワイルドナイツ」に改称（運営主体は引き続きパナソニック）.
（出所）筆者作成.

　パナソニックはガンバ大阪が1993年にJリーグに参入した当初からトップパートナーとしてユニフォームの胸に会社ロゴを掲げている．ガンバ大阪は，パナソニック以外にも多くのスポンサー企業からの支援を受け，ホームタウンに密着した経営を行いながら，クラブを運営しているのである．実業団チームは，前述したように親会社の経営にその存在意義が委ねられており，親会社の経営が安定している間は安定して運営されているものの，実際にパナソニックでは，経営が悪化した2013年にバスケットボール部（パナソニックトライアンズ）とバドミントン部を休部することを決定した．どちらの部も競技成績は優秀であったことからも，惜しまれながらチームは解散し，新たな担い手のもとでチームが運営されたり，選手は散り散りに他チームに引き取られることとなった．このような点からも，複数の支援者から財源を確保するプロスポーツクラブの経営は持続可能性を有しているともいえるが，実際にはJ2・J3などの下位クラブや，プロ野球独立リーグの球団の中には，経営が厳しいチームも存在している．プロスポーツクラブは，必然的に財源確保のためのマネジメントが求められている．

営業収益：49億5100万円

営業費用：50億円

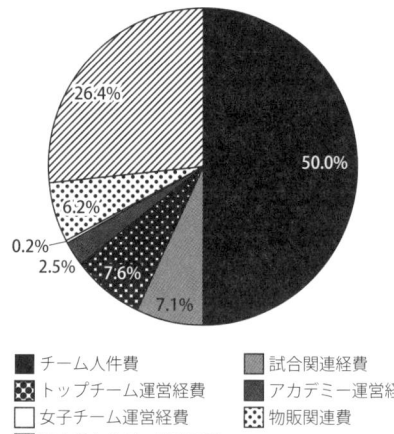
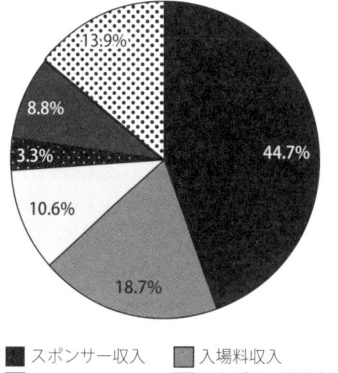

- ■ スポンサー収入
- □ Jリーグ配分金
- ■ 物販収入
- ■ 入場料収入
- ▨ アカデミー関連収入
- ▨ その他収入

- ■ チーム人件費
- ▨ トップチーム運営経費
- □ 女子チーム運営経費
- ▨ 販売費および一般管理費
- ■ 試合関連経費
- ■ アカデミー運営経費
- ▨ 物販関連費

図2-4　Ｊリーグ・J1における１クラブあたりの平均営業収益および営業費用

（出所）Jリーグ「2019年度クラブ経営情報開示資料　決算数値」より抜粋して筆者作成.

　Ｊリーグ［2020］によると，2019年シーズンにおけるＪ1の１クラブあたりの平均収益は49億5100万円，平均費用は50億円であった．**図2-4**は，その内訳を表している．

　Ｊ1クラブの収益をクラブごとにみてみると，６〜７割がスポンサー収入と入場料収入で構成されており，逆に費用は5割がチーム人件費である．プロスポーツクラブでは，費用の大多数を占める選手年俸は不可欠な費用であり，年々着実に増加するため，毎年人件費を見込んで次年度予算を組み立てていくことが必要となる．

　また，Ｊリーグでは2014年より，世界最大の会計事務所であるデロイトトーマツグループによって，全クラブのビジネスランキング「Ｊリーグマネジメントカップ」が発行されている．そこでは，各クラブの財務情報をもとに，マーケティング，経営効率，経営戦略，財務状況の４つの視点からデロイトトーマツが設定したKPI（Key Performance Indicators：重要業績評価指標）に沿って全クラブをランク付けし，ランキングに応じたビジネスマネジメントポイント（BMポイント）が付与される（**図2-5**）［デロイト・トーマツファイナンシャルアドバイザリー

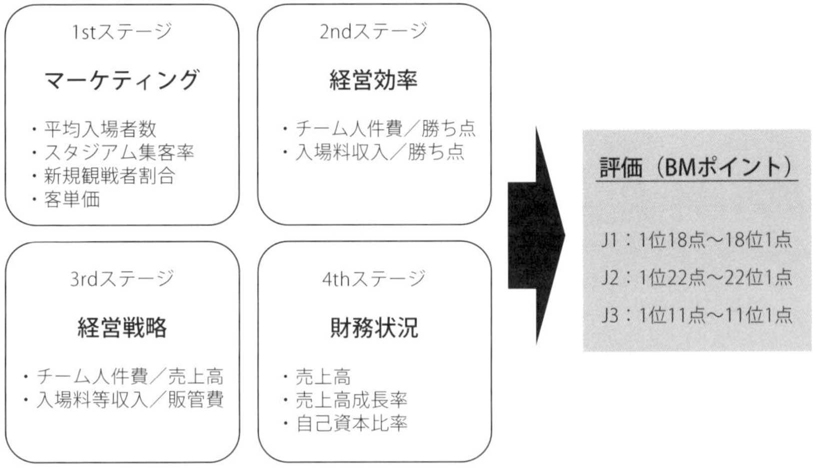

図2-5　Ｊリーグマネジメントカップ2014〜4つの視点

（出所）デロイト・トーマツファイナンシャルアドバイザリー合同会社スポーツビジネスグループ［2014］を改編.

合同会社スポーツビジネスグループ 2014］.

　このマネジメントカップで重要視されているのは，フィールド・マネジメント（FM）とビジネス・マネジメント（BM）というクラブマネジメントの2つの側面である．冒頭のメッセージにおいて「いかにゲームで勝つかというFMだけでなく，いかにビジネスとして収益を上げ，また事業拡大するかというBMという側面がある」と記載されているように，たとえ試合に勝てなかったとしても，ホームタウンにおけるファンやスポンサーを定着させ，事業として継続・拡大させていくというＪリーグの姿勢があらわれている．

　つまり，プロスポーツクラブのマネジメントでは，勝利のためにいかにレベルの高い選手を獲得するかということに目が行きがちであるが，クラブを取り巻くスポンサーやファン，地方自治体，メディアなど多くのステークホルダー（利害関係者）の期待に応え，持続可能な経営を続けながら地域に様々な価値を提供することが求められているのである．Ｊリーグのように地域に密着して経営を進めるプロスポーツクラブは，試合によってファンに感動などの経験価値を提供するほか，クラブが地域にもたらす効果としては，地域住民がチームを応援することによる新たなコミュニティの形成，住民の地域アイデンティティ

や誇りの醸成，チームを核とした情報発信などの社会的効果や，スポーツビジネスが活性化することによる経済的効果，スタジアム・アリーナのハード整備効果などが挙げられている[堀ほか 2007]．Jクラブのみならず，様々なプロスポーツクラブにおける地域での活躍が期待されている．

4. スポーツによる社会・地域課題解決

スポーツによるCSR・CSV

　3節にて述べた，プロスポーツクラブのステークホルダーから求められる期待に応えるあらゆる活動は，企業としての社会的責任（Corporate Social Responsibility，以下「CSR」）ととらえられる［大西 2015］．これは，顧客および社会のニーズに応えるという点で，マーケティングと密接に関わっている．する・みるスポーツに関わるスポーツ組織においても，例えば，競技者の競技パフォーマンスを高めたいがために身体的・精神的負担を負わせないことや，スポーツにおける公平性を傷つける行為をしないこと，スポーツ観戦者を危険にさらすことなく安全性を確保することなどが，一般的な義務としてのCSRとみなされている［大西 2018］．また，プロスポーツクラブなどが多様なホームタウン活動（病院訪問などの慈善活動や地域の清掃活動，選手の学校訪問活動）などを通じて地域に貢献することをCSR活動としてとらえることもある．スポーツとCSRには親和性があり，民間のスポーツ組織が行うCSRには，社会や地域の幸福度を維持し向上させようという姿勢があらわれるため，その社会的意義が高まるともいわれている［Godfrey 2009］．

　一方，Porter and Kramer［2011］は，CSRに限界を示し，新たな経営モデルとして共通価値の創造（Creating Shared Value，以下「CSV」）を提唱した．CSVは，「企業が事業を営む地域社会の経済条件や社会状況を改善しながら，みずからの競争力を高める方針とその実行」と定義されている［Porter and kramer 2011：邦訳 11］．**表2-2**は，CSVとCSRの違いについてまとめられたものである．Porter and Kramer［2011］によれば，CSRは組織が事業で得た利益を使って行う善行やフィランソロピーにすぎず，予算の制限を受けたり，他の事業との競争関係に置かれるという限界を有している．代わりにCSVは，あくまで社会課題を本業の軸に据えることによって，稼ぎながら社会的課題を解決していくという，経済的便益と社会的便益の両立を基本スタンスとしている．CSRにも社会課題

を見据えているものもあるが，慈善活動としてではなく，事業として稼ぎながら取り組むことが重要なのである.

　CSVの「企業と地域社会が共同で価値を創出」したり，「企業の予算全体を編成する」という特徴に注目すると，例えば，2019年にJリーグにおいて始まった「シャレン！(社会連携活動)」は，ホームタウンにおける地域課題の解決に，Jクラブを含む三者以上で取り組む活動であり，そこにスポンサーがついて持続的に取り組むことができれば，それはCSVと位置付けられるだろう．アメリカNBAにおける社会貢献活動「NBA Cares」では，スター選手が一般人とともに恵まれない子どもたちのために遊具を作るなどの活動が，単なる慈善活動に収まらずに新しいスポンサーの形を生み出していることも報告されており［葦原 2018］，競技団体とNPO，スポンサーが三位一体となったスキームが開発されていることなども，それは，まさにスター選手の影響力を活用した持続可能なCSVと言えるだろう.

表2-2　CSVとCSRの違い

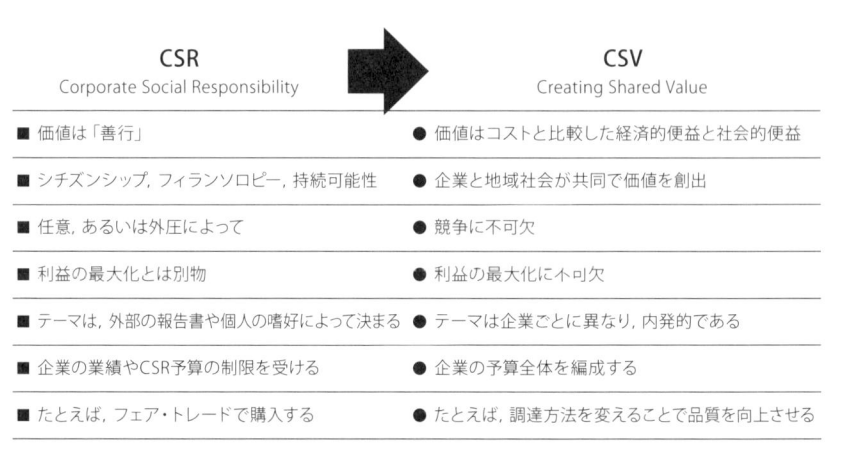

CSR Corporate Social Responsibility	CSV Creating Shared Value
■ 価値は「善行」	● 価値はコストと比較した経済的便益と社会的便益
■ シチズンシップ, フィランソロピー, 持続可能性	● 企業と地域社会が共同で価値を創出
■ 任意, あるいは外圧によって	● 競争に不可欠
■ 利益の最大化とは別物	● 利益の最大化に不可欠
■ テーマは, 外部の報告書や個人の嗜好によって決まる	● テーマは企業ごとに異なり, 内発的である
■ 企業の業績やCSR予算の制限を受ける	● 企業の予算全体を編成する
■ たとえば, フェア・トレードで購入する	● たとえば, 調達方法を変えることで品質を向上させる

（出所）Porter and Kramer ［2011: 邦訳 29］を修正.

スポーツとSDGs

2015年9月，国連サミットで加盟国の全会一致で採択された「持続可能な開発のための2030アジェンダ」にて，17のゴール・169のターゲットから構成された持続可能な開発目標（Sustainable Development Goals，以下「SDGs」）が表明された［外務省 ホームページ］．宣言の中には，「スポーツもまた，持続可能な開発における重要な鍵となるものである．我々は，スポーツが寛容性と尊厳を促進することによる，開発および平和への寄与，また，健康，教育，社会包摂的目標への貢献と同様，女性や若者，個人やコミュニティの能力強化に寄与することを認識する．」というメッセージが添えられている通り，スポーツによる貢献が期待されている（**表2-3**）［国際連合広報センター ホームページ］．

これに対応するように，前項で述べたJリーグやBリーグなどの活動はSDGsに対応して明示されており，クラブ単体でも様々な活動をSDGsに結び付けることによって，社会的な価値を発揮しようとしている．例えば，J1の名古屋グランパスエイトでは，クラブのトレーナーや栄養士がノウハウを活かすことで，ホームタウン住民の健康増進や食育を通じて目標3「保健」に貢献しようとしたり，ホームゲームにてボランティアや企業と連携してゴミ分別に取り組むことによって目標11「持続可能な都市」に貢献しようとしている．こうした活動も，今後CSVの視点がヒントであり，持続的に行われることが不可欠であろう．

表2-3　スポーツと持続可能な開発 (SDGs)

目標	テーマ		内容	スポーツにかかる期待
目標1	貧困	貧困をなくそう	あらゆる場所のあらゆる形態の貧困に終止符を打つ	スポーツは、幸せや、経済への参加、生産性、レジリエンスへとつながりうる、移転可能な社会面、雇用面、生活面でのスキルを教えたり、実践したりする手段として用いることができます。
目標2	飢餓	飢餓をゼロに	飢餓に終止符を打ち、食料の安定確保と栄養状態の改善を達成するとともに、持続可能な農業を推進する	栄養に関連するスポーツ・プログラムは、飢餓に取り組む食料プログラムや、この問題に関する教育を補完するうえで、適切な要素となりえます。対象者には、効果的な食料生産やバランスの取れた食生活に取り組むよう、指導を行うことができます。
目標3	保健	すべての人に健康と福祉を推進する	あらゆる年齢のすべての人々の健康的な生活を確保し、福祉を推進する	運動とスポーツは、アクティブなライフスタイルや精神的な安寧の重要な要素です。非伝染性疾病などのリスク予防に貢献したり、性と生殖その他の健康問題に関する教育ツールとしての役割を果たしたりすることもできます。
目標4	教育	質の高い教育をみんなに	すべての人々に包摂的かつ公平で質の高い教育を提供し、生涯学習の機会を促進する	体育とスポーツ活動は、就学年齢児童の正規教育システムにおける就学率や出席率、さらには成績を高めることができます。スポーツを中心とするプログラムは、初等・中等教育以後の学習機会や、職場や社会生活でも応用できるスキルの取得に向けた基盤にもなります。
目標5	ジェンダー	ジェンダー平等を実現しよう	ジェンダーの平等を達成し、すべての女性と女児のエンパワーメントを図る	スポーツを中心とする取り組みやプログラムが、女性と女児に社会進出を可能にする知識やスキルを身に着けさせる潜在的可能性を備えている場合、ジェンダーの平等と、その実現に向けた規範や意識の変革は、スポーツとの関連で進めることもできます。
目標6	水・衛生	安全な水とトイレを世界中に	すべての人々に水と衛生へのアクセスと持続可能な管理を確保する	スポーツは、水衛生の要件や管理に関するメッセージを発信するための効果的な教育基盤となりえます。スポーツを中心するプログラムの活動と意図される成果を、水の利用可能性と関連づけることによって、この問題の改善を図ることもできます。
目標7	エネルギー	エネルギーをみんなにそしてクリーンに	すべての人々に手ごろで信頼でき、持続可能かつ近代的なエネルギーへのアクセスを確保する	スポーツのプログラムと活動を、省エネの話し合いと推進の場として利用すれば、エネルギー供給システムと、これに対するアクセスの改善をねらいとする取り組みを支援できます。
目標8	経済成長と雇用	働きがいも経済成長も	すべての人々のための持続的、包摂的かつ持続可能な経済成長、生産的な完全雇用およびディーセント・ワークを推進する	スポーツ産業・事業の生産、労働市場、職業訓練は、女性や障害者などの社会的弱者集団を含め、雇用可能性の向上と雇用増大の機会を提供します。この枠組みにおいて、スポーツはより幅広いコミュニティを動員し、スポーツ関連の経済活動を成長させる動機にもなります。
目標9	インフラ・産業化・イノベーション	産業と技術革新の基盤をつくろう	レジリエントなインフラを整備し、包摂的で持続可能な産業化を推進するとともに、イノベーションの拡大を図る	レジリエンスと工業化のニーズは、災害後のスポーツ・娯楽用施設の再建など、関連の開発目標の達成をねらいとするスポーツ中心の取り組みによって、一部充足できます。スポーツはこれまで、開発に向けたその他従来型のツールを補完し、開発と平和を推進するための革新的な手段として認識されており、実際にもそのような形で利用されてきました。
目標10	不平等	人や国の不平等をなくそう	国内および国家間の不平等を是正する	開発途上国におけるスポーツの振興と、スポーツを通じた開発は、途上国間および先進国との格差を縮めることに貢献します。スポーツは、その人気と好感度の高さにより、手を差し伸べることが難しい地域や人々の不平等に取り組むのに適したツールといえます。
目標11	持続可能な都市	住み続けられるまちづくりを	都市と人間の居住地を包摂的、安全、レジリエントかつ持続可能にする	スポーツにおける包摂と、スポーツを通じた包摂は、「開発と平和のためのスポーツ」の主なターゲットのひとつとなっています。スポーツ施設やサービスは、この目標の達成に資するだけでなく、他の方面での施策で包摂的かつレジリエントな手法を採用する際のグッドプラクティスの模範例にもなります。
目標12	持続可能な消費と生産	つくる責任つかう責任	持続可能な消費と生産のパターンを確保する	スポーツ用品の生産と提供に持続可能な基準を取り入れれば、その他の産業の消費と生産のパターンで、さらに幅広く持続可能なアプローチを採用することに役立ちます。この目的を有するメッセージやキャンペーンは、スポーツ用品やサービス、イベントを通じて広めることができます。
目標13	気候変動	気候変動に具体的な対策を	気候変動とその影響に立ち向かうため、緊急対策を取る	観光を伴う大型スポーツ・イベントをはじめとするスポーツ活動やプログラム、イベントでは、環境の持続可能性についての認識と知識を高めることをねらいとした要素を組み入れるとともに、気候課題への積極的な対応を進めることができます。被災者の間に絆と一体感を生み出すことで、災害後の復興プロセスを促進することもできます。
目標14	海洋資源	海の豊かさを守ろう	海洋と海洋資源を持続可能な開発に向けて保全し、持続可能な形で利用する	水上競技など、スポーツ活動と海洋とのつながりを活用すれば、スポーツだけでなく、その他の分野でも、海洋資源の保全と持続可能な利用を提唱できます。
目標15	陸上資源	陸の豊かさも守ろう	陸上生態系の保護、回復および持続可能な利用の推進、森林の持続可能な管理、砂漠化への対処、土地劣化の阻止および逆転、ならびに生物多様性損失の阻止を図る	スポーツは、陸上生態系の保全について教育し、これを提唱する基盤となりえます。屋外スポーツには、陸上生態系の持続可能で環境にやさしい利用を推進するセーフガードや活動、メッセージを取り入れることもできます。
目標16	平和	平和と公正をすべての人に	持続可能な開発に向けて平和で包摂的な社会を推進し、すべての人々に司法へのアクセスを提供するとともに、あらゆるレベルにおいて効果的で責任ある包摂的な制度を構築する	持続可能な開発の社会資本や分裂したコミュニティの統合、戦争関連のトラウマからの立ち直りにも役立つことがあります。このようなプロセスでは、スポーツ関連のプログラムやイベントが、社会的に隔絶された集団に手を差し伸べ、交流のためのシナリオを提供することで、相互理解や和解、一体性、平和の文化を推進するためのコミュニケーション基盤の役割を果たすことができます。
目標17	実施手段	パートナーシップで目標を達成しよう	持続可能な開発に向けて実施手段を強化し、グローバル・パートナーシップを活性化する	スポーツは、ターゲットを絞った開発目標に現実味を与え、その実現に向けた具体的前進を達成するための効果的手段としての役割を果たします。スポーツ界は、このような活動の遂行その他を通じ、草の根からプロのレベルに、また、民間から公共セクターに至るまで、スポーツを持続可能な開発に活用するという共通の目的を持つ多種多様なパートナーやステークホルダーの強力なネットワークを提供できます。

（出所）国際連合広報センター ホームページより筆者作成.

参考文献

葦原一正［2018］『稼ぐがすべて――Bリーグこそ最強のビジネスモデルである――』あさ
　　出版.

老平崇了［2020］「経営学的研究としてのスポーツ経営論とスポーツ・ガバナンス」, 大野
　　貴司編『現代スポーツのマネジメント論――「経営学」としてのスポーツマネジメン
　　ト序説――』三恵社.

太田雄貴［2019］『CHANGE 僕たちは変われる――日本フェンシング協会が実行した変革
　　のための25のアイデア――』文藝春秋.

大西孝之［2015］「スポーツと社会的責任（CSR）」, 原田宗彦編『スポーツ産業論 第6版』
　　杏林書院.

―――［2018］「CSR」, 原田宗彦・藤本淳也・松岡宏高編『スポーツマーケティング
　　改訂版』大修館書店.

大野貴司［2020］「わが国スポーツマネジメント研究の現状, 課題と展望――スポーツマネ
　　ジメント研究における体育学的アプローチと経営学的アプローチの包摂に向けて
　　――」, 大野貴司編『現代スポーツのマネジメント論――「経営学」としてのスポー
　　ツマネジメント序説――』三恵社.

筧誠一郎［2018］『eスポーツ論　ゲームが体育競技になる日』ゴマブックス.

近藤智晴［2020］「ドイツにおける体育科からスポーツ科へ動き」, 友添秀則編『現代スポー
　　ツ評論42』創文企画.

澤井和彦［2020］「するスポーツの新たな潮流」, 笹川スポーツ財団『スポーツ白書2020～
　　2030年のスポーツのすがた』笹川スポーツ財団.

清水紀宏［1994］「『スポーツ経営』概念の経営学的考察」『体育学研究』39.

中西純司［2012］「『文化としてのスポーツ』の価値」『人間福祉学研究』5（1）.

奈良堂史［2020］「スポーツビジネスの特異性に関する一考察――先行研究の検討と論点整
　　理――」『関東学院大学経済経営学会研究論集』281.

原田宗彦［2015］「スポーツ関連組織のマネジメント」, 原田宗彦・小笠原悦子編『スポー
　　ツマネジメント　改訂版』大修館書店.

―――［2018］「消費者としてのスポーツ参加者」「消費者としてのスポーツ観戦者」, 原
　　田宗彦・藤本淳也・松岡宏高編『スポーツマーケティング　改訂版』大修館書店.

広瀬一郎［2002］『新スポーツマーケティング』創文企画.

―――［2009］『スポーツ・マネジメント理論と実際』東洋経済新報社.

藤田紀昭［2016］「文化としてのスポーツ」, 障がい者スポーツ協会『新版障がい者スポー
　　ツ指導教本　初級・中級』ぎょうせい.

堀繁・木田悟・薄井充裕編［2007］『スポーツで地域をつくる』東京大学出版会.

松岡宏高［2010］「スポーツマネジメントの概念の再検討」『スポーツマネジメント研究』2

(1).

溝口紀子［2017］「国際的なスポーツ団体のマネジメント-フランス柔道連盟の事例」，柳沢
　　和雄・清水紀宏・中西純司編『よくわかるスポーツマネジメント』ミネルヴァ書房.

山下秋二［2005］「スポーツを動かす力」，山下秋二・原田宗彦編『図解スポーツマネジメ
　　ント』大修館書店.

吉田政幸・辻洋右［2018］「『スポーツマネジメントの特異性』の刊行にあたって」『スポー
　　ツマネジメント研究』10（1）.

Chalip, L.［2006］“Toward a distinctive sports management discipline,” *Journal of Sport
　　Management*, 20.

Chelladurai, P.［2001］*Managing organizations for sport and physical activity*, Scottsdale：
　　Holcomb Hathaway.

Godfrey, P. C.［2009］“Corporate social responsibility in sport：An overview and key
　　issues,” *Journal of sport management*, 23（6）.

Hoye, R., Smith, C. T. A., Nicholson, M. and Stewart, B.［2018］*Sport Management
　　Principles and Application*, 5th ed., New York：Routledge.

Long, J. and Sanderson, I.［2001］“The social benefit of sport：Where's the proof?” in
　　Gratton C. and Henry, I, P. eds., *Sports in the City：the role of sport in economic
　　and social regeneration.* London：Routledge.

Li, M., Hofacre, S. and Mahony, D.［2001］*Economics of Sport*, Fitness Morgantown：
　　Information Technology, WV, USA.

Mullin, B.J., Hardy, S. and Sutton, W.A.［2007］*Sport Marketing*, 3rd ed., Champaign, IL
　　:Human Kinetics.

Porter, M. E. and Kramar, M. R.［2011］“Creating shared value：How to reinvent
　　capitalism – unleash a wave innovation and growth,” *Harvard Business Review*,
　　January-February.

Zeigler, E.E.［2007］“Sport management must show social concern as it develops tenable
　　theory,” *Journal of Sport Management*, 21.

ウェブ資料

Jリーグ［2020］「Jクラブ個別経営情報開示資料 クラブ決算一覧」（https://about. jleague.
　　jp/corporate/wp-content/themes/j_corp/assets/pdf/club-h31kaiji_1_20200731. pdf,
　　2021年7月1日閲覧）.

スポーツ庁［2016］「資料4-1　スポーツの価値についての検討課題」スポーツ審議会
　　（第4回）・スポーツ審議会スポーツ基本計画部会（第4回）合同会議　配付資料

（https://www.mext.go.jp/sports/b_menu/shingi/001_index/shiryo/__icsFiles/afieldfi
le/2016/09/15/1376700_004.pdf, 2021年 2 月20日閲覧）.

スポーツ庁・経済産業省［2016］『スポーツ未来開拓会議中間報告〜スポーツ産業ビ
ジョンの策定にむけて〜』（http://www.mext.go.jp/sports/b_menu/shingi/003_index/
toushin/__icsFiles/afieldfile/2016/06/14/1372342_1.pdf, 2019年 2 月28日閲覧）.

デロイトトーマツ ファイナンシャルアドバイザリー合同会社スポーツビジネスグループ
「J-League Management Cup 2014」（https://www2.deloitte.com/content/dam/
Deloitte/jp/Documents/consumer-business/thl/jp-thl-sportbusiness-j-league-
management-cup2014-20160330.pdf, 2021年 2 月26日閲覧）.

Bリーグ［2020］「B. LEAGUE クラブ決算概要発表資料 (2019–20シーズン)」（https://
www.bleague.jp/files/user/about/pdf/club_financial_settlement_2019.pdf, 2021年 7 月
1 日閲覧）.

International Council of Sport Science and Physical Education Declaration on Sport
（https://www.icsspe.org/sites/default/files/Declaration%20on%20Sport_english.pdf,
2021年 2 月17日閲覧）.

ウェブサイト
外務省ホームページ（https://www.mofa.go.jp/mofaj/gaiko/oda/sdgs/about/index.html,
2021年 2 月27日閲覧）.

国際連合広報センターホームページ（https://www.unic.or.jp/news_press/features_
backgrounders/15775/, 2021年 2 月27日閲覧）.

日本ゲートボール連合公式サイト（http://gateball.or.jp/, 2021年 2 月 3 日閲覧）.

Bリーグ公式サイト（https://www.bleague.jp/, 2021年 2 月 3 日閲覧）.

Jリーグ公式サイト（https://www.jleague.jp/, 2021年 2 月 3 日閲覧）.

3 *sports management : the beginning*
スポーツ組織のマネジメント

1. スポーツ競技団体のマネジメント

我々の日常には様々なスポーツが存在する．単に仲間内でスポーツを行ったりする上でもそのスポーツを楽しむことができる．しかし，例えばそのスポーツの公式なルールを用いたり，公式な審判による大会に出場したり，地域予選

表3-1　国内競技団体例

（平成30年4月1日現在）

ＪＳＰＯのみ加盟（13団体）	ＪＯＣ・ＪＳＰＯのどちらにも加盟（46団体）		ＪＯＣのみ加盟（9団体）
（公財）日本野球連盟	（公財）日本陸上競技連盟	（公財）日本ソフトボール協会	（一財）全日本野球協会
（公社）日本綱引連盟	（公財）日本水泳連盟	（公財）日本バトミントン協会	（特非）日本スポーツ芸術協会（※ＪＳＰＯ関係スポーツ団体）
（一財）少林寺拳法連盟	（公財）日本サッカー協会	（公財）全日本弓道連盟	（公社）日本スカッシュ協会
（公財）日本ゲートボール連合	（公財）全日本スキー連盟	（公社）日本ライフル射撃協会	（公社）日本ビリヤード協会
（公社）日本パワーリフティング協会（※ＪＯＣ承認）	（公財）日本テニス協会	（一財）全日本剣道連盟	（公社）日本ボディビル・フィットネス連盟
（公社）日本オリエンテーリング協会（※ＪＯＣ承認）	（公社）日本ボート協会	（公社）日本近代五種協会	（一社）全日本テコンドー協会
（公社）日本グラウンド・ゴルフ協会	（公社）日本ホッケー協会	（公財）日本ラグビーフットボール協会	（公社）日本ダンススポーツ連盟（※ＪＳＰＯ準加盟）
（一財）日本バウンドテニス協会	（一社）日本ボクシング連盟	（公社）日本山岳・スポーツクライミング協会	（一社）日本サーフィン連盟
（公社）日本エアロビック連盟	（公財）日本バレーボール協会	（公社）日本カヌー連盟	（一社）日本ローラースポーツ連盟（※ＪＳＰＯ準加盟）
（公社）日本スポーツチャンバラ協会	（公財）日本体操協会	（公社）日本アーチェリー連盟	
（一財）日本ドッジボール協会	（公財）日本バスケットボール協会	（公財）全日本空手道連盟	
（公社）日本チアリーディング協会（※ＪＯＣ準加盟）	（公財）日本スケート連盟	（公財）日本アイスホッケー連盟	
（公社）日本ペタンク・ブール連盟（※ＪＯＣ承認）	（公財）日本レスリング協会	（公社）全日本銃剣道連盟	
	（公財）日本セーリング連盟	（一社）日本クレー射撃協会	
	（公社）日本ウエイトリフティング協会	（公財）全日本なぎなた連盟	準加盟団体（６団体）
	（公財）日本ハンドボール協会	（公財）全日本ボウリング協会	（一社）日本カバディ協会
	（公財）日本自転車競技連盟	（公社）日本ボブスレー・リュージュ・スケルトン連盟	（一社）日本セパタクロー協会
	（公財）日本ソフトテニス連盟	（公社）日本武術太極拳連盟	（公社）日本アメリカンフットボール協会（※ＪＳＰＯ準加盟）
	（公財）日本卓球協会	（公財）日本ゴルフ協会	（公社）日本チアリーディング協会（※ＪＳＰＯ加盟）
	（公財）全日本軟式野球連盟	（公社）日本カーリング協会	（公社）日本コントラクトブリッジ連盟
	（公財）日本相撲連盟	（公社）日本トライアスロン連合	（一財）日本航空協会
	（公社）日本馬術連盟	（一社）日本バイアスロン連盟	
	（公社）日本フェンシング協会		
	（公財）全日本柔道連盟		

（出所）スポーツ庁　スポーツ審議会スポーツ・インテグリティ部会（平成31年2月13日）配布資料より筆者作成．

表3-2　日本サッカー協会（JFA）の目的および事業

目的

JFAは，日本サッカー界を統括し代表する団体として，サッカーを通じて豊かなスポーツ文化を創造し，人々の心身の発達と社会の発展に貢献することを目的に活動しています.
この目的を達成するため，以下の事業を行います.

事業

1	日本を代表する各年代，各カテゴリーのサッカーチームを組織し，各種競技会への参加及び代表チームが参加する競技会を開催する
2	サッカーの全日本選手権大会その他の競技会の開催
3	サッカー選手の育成，サッカー競技の普及及びサッカーの指導者並びに審判員の育成
4	選手，チーム，指導者及び審判員等の登録
5	知的所有権の管理及び商標提供
6	社会貢献及び国際貢献の実施
7	その他この法人の目的を達成するために必要な事業

（出所）日本サッカー協会公式サイト.

大会を経て全国大会に出場したりとなるとそれらの競技規則を定めたり，試合会場を確保・運営したりなど公式競技会を主催する組織が必要となる. それが競技団体である.

　国内には，各種スポーツ競技の競技団体が存在する（**表3-1**）.

　各競技団体はその競技の普及などを目的とし，競技会の開催や選手，指導者，審判の育成などの事業を行う（**表3-2**）.

　競技団体には都道府県や市町村単位の地方競技団体とそれらを統括する中央競技団体（NF）がある.

　中央競技団体のもとには地方競技団体の他に，プロアマのトップリーグ，社会人や各学校の全国連盟なども加盟している.

　競技団体主催の公式競技会に参加するためには，各競技団体へ登録費を支払い選手登録やチーム登録を行う必要がある.

　競技自体の魅力を高めるためにはその競技の日本代表（個人・チーム）の国際大会やオリンピック・パラリンピックでの活躍や国際大会の自国での開催,トップリーグ（プロ・アマ）の魅力の向上も不可欠である.

　中央競技団体は,国際競技団体（IF）や国内のトップリーグ団体,地方競技団体,日本スポーツ協会，JOC及び関係省庁などと連携しながら競技の魅力を高めて

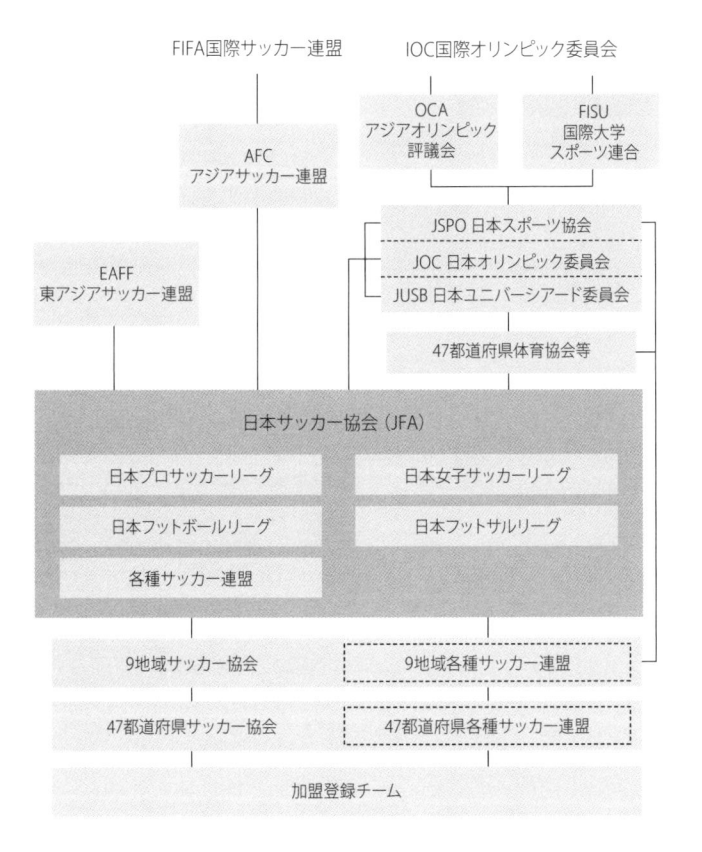

図3-1 日本サッカー協会（JFA）関係組織図

（出所）日本サッカー協会公式サイト.

いくことが求められている（**図3-1**）.

競技団体の組織

　中央競技団体はおおよそ各都道府県競技団体の代表により構成された評議員会を最高議決機関とし，業務を執行するための理事会や常務理事会を構成し，会長の指揮のもと運営されている．また，評議員会や理事会において承認された事業計画や予算のもと，専門の各種委員会や事務局において業務が検討・執行されている．

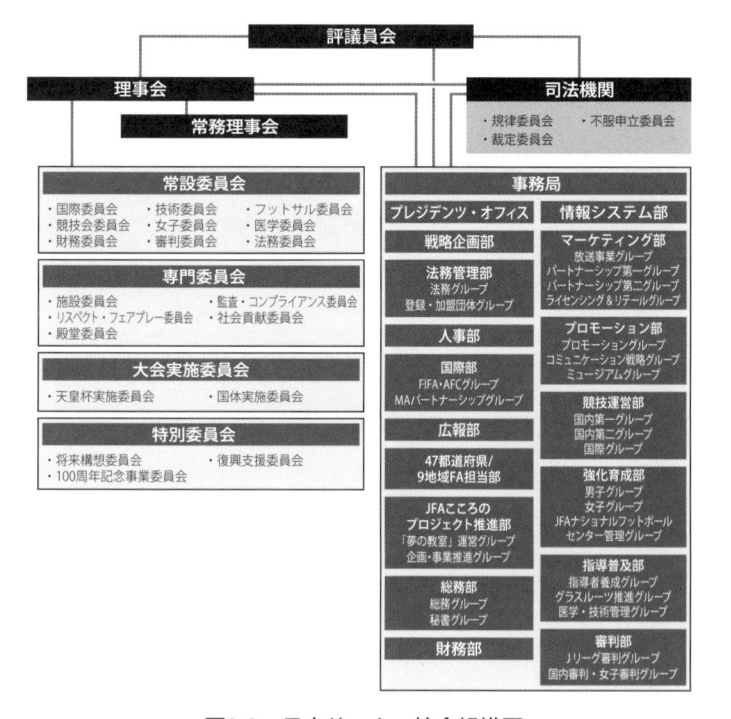

図3-2　日本サッカー協会組織図

（出所）日本サッカー協会公式サイト.

　2019年度予算は192億円を見込んだ日本サッカー協会（JFA）では，予算を執行し，各種事業を円滑に進めるためにもこのような綿密な組織体制がとられている（**図3-2**）.

競技団体の経営資源

　各競技団体は目的を達成するために競技会やイベントなどの事業を行うが，そのためには様々な経営資源が必要である．試合を行うためには選手や審判，運営スタッフというヒト，試合や合宿などを行うための競技場や用具などのモノ，大会や協会を運営するための資金（カネ）となる選手・チーム登録費や大会参加費など，また選手に関する情報などが考えられる（**表3-3**）.

表3-3　競技団体の経営資源例

ヒト	選手, 審判, 指導者, インストラクター, 協会役員, マネジャー
モノ	施設, 道具, オフィス
カネ	大会参加費, 選手登録費, チーム登録費, 審判・指導者登録費, 代表試合興行, スポンサー, マーチャンダイジング, 放映権
情報	選手など登録者情報

(出所) 筆者作成.

　これらの経営資源を効率よく調達，活用することで協会登録者や競技会参加者に満足してもらえるような競技会運営，競技団体運営が競技団体には求められる.

競技団体のマネジメント人材

　人口減少，少子高齢といった外部環境の変化の中で，各競技団体はいかに個人・チームの満足度を高め競技人口を維持・拡大するかに関心が向かっている.そのためには個人・チームの協会登録費や大会参加費，スポンサー収入などによる協会予算などの経営資源をいかに有効に活用し，代表強化や選手育成，競

表3-4　SMCサテライト講座概要

セッション1	3時間	**ビジョン** 組織にとって，明確な将来のビジョンは重要です. ビジョンがあるから，現状の改善があります. そのプロセスこそマネジメントです.
セッション2	3時間	**環境分析** 今日の社会全体を様々な視点から分析し，今，社会がスポーツに求めていることを考えます.
セッション3	3時間	**コミュニティデザイン** ファシリテーションなどチームビルディングのスキルを紹介しながら，「クラブ」というコミュニティをデザインしていくことについて考えます. また，「いいクラブ」についても考えます.
セッション4	3時間	**SWOT** SWOT（強み・弱み・機会・脅威）という枠組みを通じて，自組織と外部環境を分析し，戦略立案を行います.
セッション5	3時間	**行動計画** ビジョン実現のための行動計画を，やりたいことWill，できることCan，求められていることNeed，という枠組みで考えます.
セッション6	3時間	**目標管理** ビジョン実現に向けた行動計画を時系列で整理し，より具体的な行動計画にします.

(出所) 日本サッカー協会公式サイト.

技会の質の向上，そのための審判育成や競技会運営スタッフの育成を行うかなど中央競技団体，地方競技団体ともに所属役職員の「マネジメント力」が問われている．

　日本サッカー協会は，自立した魅力あふれるスポーツ組織づくりを推進し，スポーツ文化の創造，人々の心身の健全な発達と，社会の発展に貢献できる，優秀なスポーツマネジャーを養成することを目的とした人材育成事業として「JFAスポーツマネジャーカレッジ(以下SMC)」を行っている．SMCでは，ビジョンや環境分析，コミュニティデザイン，SWOT分析などマネジメント理論を中心とした研修を行い地域のクラブや地方競技団体のマネジメントを担う人材を育てている（**表3-4**）．

障がい者のスポーツ団体

　2020年に東京でパラリンピックが開催されるにあたり，障がい者のスポーツにも注目が集まっている．

　国内の代表的な障がい者のスポーツ団体として，公益財団法人日本障がい者スポーツ協会がある．

　公益財団法人日本障がい者スポーツ協会（Japanese Para-Sports Association）は，昭和39年に開催されたパラリンピック東京大会を契機に，日本の身体障がい者スポーツの普及・振興を図る統括組織として，昭和40年に厚生省（現 厚生労働省）の認可を受けて設立された．平成10年に長野県で開催された冬季パラリンピックを契機に，三障がいすべてのスポーツ振興を統括する組織として，また国際舞台で活躍できる選手の育成・強化を担う統括組織としての位置づけが有識者会議で提言された．そこで平成11年，同協会の寄付行為を改正し，財団法人日本障がい者スポーツ協会に組織名を改称するとともに，協会内部に日本パラリンピック委員会を設置した．その後，平成14年に閣議決定された新たな障害者基本計画において，障がい者スポーツの振興については当協会を中心に進める旨が記された．さらに平成23年8月，スポーツ振興法が50年ぶりに全面改正され新たにスポーツ基本法が公布された．新法では，障がい者のスポーツ振興についてはじめて言及され，国の責務とともに当協会の立場が明確になった．

　また，サッカーにおいては2016年に切断障がい，脳性麻痺，精神障がい，知的障がい，電動車椅子，視覚障がい，聴覚障がいの7つのサッカー組織が協力し一般社団法人日本障がい者サッカー連盟を設立し障がい者サッカーの普及に

表3-5　日本障がい者サッカー連盟理念, ビジョンおよび役割

理念
広くサッカーを通じて, 障がいの有無に関わらず, 誰もがスポーツの価値を享受し, 一人ひとりの個性が尊重される活力ある共生社会の創造に貢献する

ビジョン
障がい者サッカーの普及に努め, 社会に根付いたものとなることで, 誰もが, いつでも, どこでもスポーツを楽しめる環境を創りあげる
障がい者サッカーの強化に努め, 日本代表が世界で活躍することで, 人々に勇気と希望と感動を与える
健全な組織の構築に努め, 社会的責任を果たしていくことで, 障がい者サッカーの価値を向上する

連盟の役割
JFAとの連携窓口
各団体の意見取りまとめ・調整
障がい者サッカー・スポーツの発展に向けた施策の企画・立案・実施
各団体の連携強化に向けた取り組みの実施

（出所）日本障がい者サッカー連盟公式サイトより筆者作成.

努めている（**表3-5**）.

◤ *2.* スポーツNPOのマネジメント ◢

NPO とは

　国内における各スポーツ種目の多くの活動は, 指導者がボランティアであったり, 活動拠点が学校や公共スポーツ施設であったりなど非営利活動として行われている. 本節では非営利活動組織（NPO）について解説する.

　「NPO」とは "Non-Profit Organization" 又は "Not-for-Profit Organization" の略称で, 様々な社会貢献活動を行い, 団体の構成員に対し, 収益を分配することを目的としない団体の総称である. スポーツでいうと例えば少年団, サークル, 総合型地域スポーツクラブ, 競技団体などである.

　したがって, 収益を目的とする事業を行うこと自体は認められるが, 事業で得た収益は, 様々な社会貢献活動（本来事業）に充てることになる.

　このうち, 特定非営利活動促進法に基づき法人格を取得した法人を,「特定非営利活動法人（NPO法人）」と言う.

　NPOは法人格の有無を問わず, 様々な分野（福祉, 教育・文化, まちづくり, 環境, 国際協力など）で, 社会の多様化したニーズに応える重要な役割を果たすことが

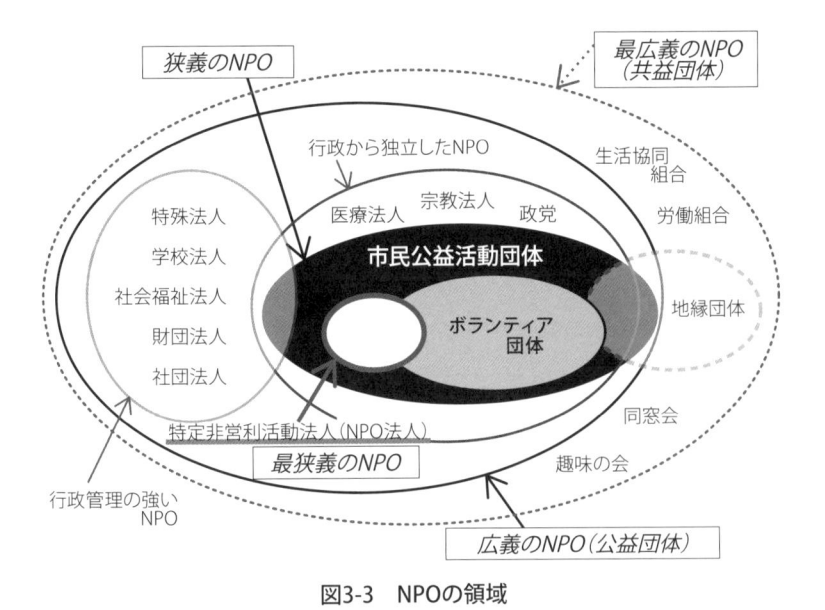

図3-3　NPOの領域

（出所）県民活動応援サイト島根いきいき広場.

期待されている（**図3-3**）.

NPO法人とは

　特定非営利活動法人（NPO法人）とは，特定非営利活動促進法に基づき法人格を取得した法人である.

　法人格を持つことによって，法人の名の下に取引等を行うことができるようになり，団体名義での契約締結や土地の登記など，団体がいわゆる「権利能力の主体」となり，団体自身の名義において権利義務の関係を処理することができるようになる.

　NPO法人を設立するためには，所轄庁に申請をして設立の「認証」を受けることが必要である. 認証後，登記することにより法人として成立することになる.

認定特定非営利活動法人（認定NPO法人）とは

　NPO法人のうち実績判定期間（直前の2事業年度）において一定の基準を満た

すものとして所轄庁の「認定」を受けた法人は，認定特定非営利活動法人（認定NPO法人）となる．認定NPO法人になると，税制上の優遇措置を受けることができる.

スポーツボランティアとは

スポーツNPOの活動はボランティアによる活動が主である.

ボランティアの語源は，ラテン語の voluntas（ウォランタス）であり，自由意志や自主性を意味している．文部省（現 文部科学省）[2000]「スポーツにおけるボランティア活動の実態等に関する調査研究協力者会議」では，スポーツボランティアを以下のとおり定義している.

【スポーツボランティアの定義】

地域におけるスポーツクラブやスポーツ団体において，報酬を目的としないで，クラブ・団体の運営や指導活動を日常的に支えたり，また，国際競技大会や地域スポーツ大会などにおいて，専門的能力や時間などを進んで提供し，大会の運営を支える人のこと

スポーツボランティアの分類

スポーツボランティアは役割とその範囲から，大きく3つに分類することができる.不定期的な「イベントボランティア」,定期的な「クラブ・団体ボランティア」，トップアスリートやプロスポーツ選手による「アスリートボランティア」である（表3-6).

○イベントボランティア

イベントボランティアは，地域における市民マラソン大会や運動会，更には国民体育大会（国体）や国際大会を支えるボランティアを指しており，不定期的な活動と言える.

イベントボランティアのうち,専門的な知識や技術が必要な「専門ボランティア」としては，審判員や通訳，医療救護員，データ処理，そして大会役員などが挙げられる.

「一般ボランティア」には，特別な技術や知識が不要で，誰にでも容易に関わることができる給水・給食，案内・受付，記録・掲示，交通整理，運搬・運転，そして選手の滞在・訪問を受け入れるホストファミリーなどがある.

表3-6　スポーツボランティアの種類

イベントボランティア （地域スポーツ大会，国際・全国スポーツ大会） <非日常的・不定期的活動>
専門ボランティア 　　　（審判，通訳，医療救護，大会役員，データ処理など）
一般ボランティア 　　　（給水・給食，案内・受付、記録・掲示，交通整理、 　　　運搬・運転，ホストファミリーなど）

クラブ・団体ボランティア （クラブ・スポーツ団体） <日常的・定期的活動>
ボランティア指導者 　　　（監督・コーチ，指導アシスタント）
運営ボランティア 　　　（クラブ役員・監事，世話係，運搬・運転，広報， 　　　データ処理，競技団体役員など）

アスリートボランティア
トップアスリート・プロスポーツ選手 （ジュニアの指導，施設訪問，地域イベントへの参加など）

社会的弱者支援ボランティア （貧困，マイノリティ，障がい者支援など）
競技会開催，スポーツ用品提供，啓発・募金活動，イベント開催

（出所）山口編[2004]，文部省［2000］より筆者作成.

　市民マラソン大会の例で見ると，受付や給水，コース整理などのほかに，視覚障害者のランナーをサポートする伴走ボランティアランナーといった活動もある.

○クラブ・団体ボランティア
　クラブ・団体ボランティアは，地域スポーツクラブやスポーツ団体におけるボランティアを指しており，日常的で定期的な活動と言える. 具体的には，地域のスポーツ少年団やママさんバレーなどで監督やコーチを務める「ボランティア指導者」や，監督やコーチが指導する際の指導アシスタントも含まれる.

また，クラブや団体の役員や幹事，練習時に給水などを担当する世話係，更に競技団体役員も「運営ボランティア」に位置付けられる．

○アスリートボランティア

　アスリートボランティアは，現役・OB のプロスポーツ選手やトップアスリートによるボランティア活動で，オフシーズンに福祉施設を訪ねたり，ジュニアのスポーツ指導や地域のイベントに参加するなどの社会貢献活動が挙げられる．プロ野球選手やプロサッカー選手の活動はもとより，最近では様々な種目のトップアスリートが集まってNPO法人などを組織し，活動するケースが増えている．東日本大震災の発生以降は，組織，個人に関わらず，多くのアスリートが被災地に出向き，復興支援にボランティアとして携わっている．

○社会的弱者支援ボランティア

　社会的弱者支援ボランティアは貧困の子どもたちやマイノリティなどを支援するための活動である．例えば海外の貧困の子どもたち向けの活動であれば日本国内の中古のスポーツ用品を集め現地の子どもたちに届けたり，現地の子どもたちにスポーツ指導に赴くなどである．マイノリティで言えば，国内に住む外国人や障がい者などがスポーツで交流できるようなイベントの開催などである．

スポーツ団体がNPO法人になるメリット

　スポーツ団体が法人になるメリットがあるかどうかは，その団体の性格や規模にもよる．団体が活動を続けていく中で，事務所を借りる，不動産を所有する，電話を引くなど，契約が必要になることがある．任意団体ではその代表者などの個人が契約することになるが，団体が法人格を持っていれば法人として契約できる．例えば，総合型地域スポーツクラブが活動を行う場合，事務所やクラブハウスが必要となれば賃貸契約で確保することも有りうるだろうし，そこには電話回線やインターネットなどを引くこともある．そうした場合，クラブに法人格があれば法人として契約することができる．

　また，例えば，任意団体の場合，代表者が亡くなったら，団体のために個人名で開設した銀行口座の預金が個人の所有とみなされ，相続税を課せられるようなこともある．クラブにおいては会費収入を振り込んでもらうための口座などがある．その他にも，団体が契約主体になれないことによって，代表者個人

に様々な責任がかかることがある．クラブの場合，万が一会員に傷害や死亡事故などが発生した場合などもある．クラブとして保険に加入するなど，構成員を守ることができなければ安心して活動することもできない．さらに，行政や企業などから委託事業を受ける場合に，法人であることが条件となることもある．例えば行政からのスポーツ教室の委託事業や企業とのスポンサー契約などもある．最近では公共スポーツ施設の管理運営を受託する場合もある．この場合，法人格は不可欠である．法人となることによって，組織体としての社会的な信用が得られるといえる．

　しかし，法人格の取得に伴う義務や各種の手続きが負担となる団体は，任意団体のまま自由に活動を続けていくほうがよいこともある．また，金融機関から事業資金の融資を受けるには，株式会社や有限会社などの営利法人のほうが受けやすいということもある．

　まず法人格が必要か否か，必要な場合にはどの法人格を取得することが適切かについて，団体内で十分に話し合うことが大切である．NPO法人格の取得はその選択肢の1つに過ぎない．

スポーツ組織とNPO

　スポーツ組織にも様々あるが，例えば競技団体のほとんどが財団法人や社団法人などのNPO（非営利活動組織）である．もちろん，法人格をもたない競技団体も存在するがそれらもNPOである．競技団体のほとんどは事務局職員や専従役員以外は審判，指導者，運営など多くのボランティアによって支えられているからである．また，競技団体が競技会を開催する場合，使用する施設のほとんどが公共施設や学校施設であることから主催団体は非営利組織であることが求められる．

　また，地元の単一種目のスポーツクラブや総合型地域スポーツクラブなどの活動拠点も公共施設や学校施設がメインになることからそれらの団体も非営利組織が基本となる（指定管理業務や管理運営業務を受託する営利法人は存在する）．

　このようにスポーツ組織が活動拠点や人材などの経営資源を確保するためにも，スポーツ組織がNPOであることが求められる場合もある．

3. プロスポーツクラブのマネジメント

プロスポーツの定義

　「プロスポーツ」と一言で言っても様々な考え方がある.

　一般的にプロ野球やプロサッカーなど試合で入場料を徴収し,各チームやクラブ所属の選手がすべてプレーすることにより報酬を得ている場合は「プロスポーツ」としてわかりやすい.しかし,ラグビーのトップリーグのように入場料はとっていても,各チームに所属している選手はチームの親企業の社員として日常は業務を行っている選手と選手としての報酬のみで生活している選手が混在している場合もある.また,相撲力士をプロスポーツ選手と言えるかや,近年ではeスポーツ選手として報酬を得て生活しているものも出てきている.

　このように「プロスポーツ」の概念は様々な広がりをみせている.

プロスポーツクラブの収入

　プロスポーツクラブの収入は大きく分けると4つに分けられる.①入場料(チケット)収入,②広告料(スポンサー)収入,③マーチャンダイジング(グッズ)収入,④放映権収入である.クラブはこれらの収入を最大化し企業価値を向上させるように経営努力を行う.これら以外でも最近では鹿島アントラーズやセレッソ大阪のようにホームスタジアムの管理運営を行う指定管理者となり管理費収入を得るなど収入が多様化している.また,Jリーグが英動画配信大手パフォーム社(DAZN)と10年約2100億円の大型契約を結ぶ事例のように,クラブとは別にリーグ自体が放映権やスポンサー収入を得ることで,それらの収入をクラブに賞金や配分金として分配することでクラブの収入となり,得た収入で有力選手を獲得するなど好循環に繋がる動きが出てきている.

プロスポーツクラブの支出

　クラブの支出は大きく分けると ① チーム人件費,② 試合興行経費,③ コーチングスタッフ人件費,④ 一般管理費などである.

　① チーム人件費(選手の年俸)は契約選手に対する報酬費用であり,支出の大部分を占める.② 試合興行経費は公式戦開催時のスタジアム使用料や警備,運営スタッフの人件費などである.④ 一般管理費は総務や営業,運営などク

表3-7　球団収支例

球団収支

収入	支出
・地方市場 　チケット販売 　球場内物品販売 ・全国市場 　テレビ放送 　商品化 　スポンサーシップ	・球場使用料 ・選手年棒 ・選手関連経費 ・球団事務所経費 ・役員・職員給与

（出所）WEDGE REPORT 2011年10月25日記事
　　　（http://wedge.ismedia.jp/articles/-/1552, 2020年12月１日）.

ラブスタッフ人件費や事務所賃貸料などがある.

　Jリーグはこれらの収支を毎年公開することでクラブ経営の透明性を高め, スポンサーやホームタウンである自治体などのステークホルダーに対する説明責任を果たすことでリーグやクラブの企業価値, 公共性を高める努力を行っている.

プロスポーツリーグの理念

　プロスポーツはビジネスではあるがスポーツの公共性から考え, また日本においては公式戦興行にあたっては自治体所有の公共施設を使用せざるをえない現状などからその存在意義に社会に対しての責任が求められる. 例えばJリーグではその理念として, 「一, 日本サッカーの水準向上及びサッカーの普及促進　一, 豊かなスポーツ文化の振興及び国民の心身の健全な発達への寄与　一, 国際社会における交流及び親善への貢献」を掲げるなどリーグやサッカーの発展に留まらず, スポーツの振興による国民への寄与や国際交流を掲げるなど, スポーツの特性を活かした公共性を掲げている.

　これらの理念は先に挙げた公共スポーツ施設の利用もさることながら株主やスポンサー, サプライヤーなどのステイクホルダー（利害関係者）との関係構築のためにも重要で, 例えばスポンサーはこの理念を掲げるリーグだからこそ自社や自社商品イメージの向上に繋がるので資金提供を行ったり, 中央省庁や地方自治体の協力を得ることにも影響をおよぼす.

プロスポーツクラブの理念

　プロスポーツリーグを構成するプロスポーツクラブにも理念が求められる．それはクラブこそリーグの理念を具現化する存在であるからである．例えばJリーグクラブ浦和レッズはその理念として，「浦和レッズは，サッカーを初めとするスポーツの感動や喜びを伝え，スポーツが日常にある文化を育み，次世代に向けて豊かな地域・社会を創っていきます．」と宣言しており，その根本的な活動方針として「1. 浦和レッズは，社会の一員として，青少年の健全な発育に寄与します．2. 浦和レッズは，地域社会に健全なレクリエーションの場を提供します．3. 浦和レッズは，さいたまと世界をつなぐ窓になります．」を掲げ，この方針に基づき様々な事業を行っている．

企業スポーツ

　日本ではプロスポーツが存在する以前には，企業が自社の社員の福利厚生や組合対策の一環としてスポーツ活動を行っていた時代があった．それらのスポーツ活動が企業間対抗のリーグに発展し，企業スポーツとしてのリーグやトーナメントが実施されてきた．現在でも，先に述べたように選手としてのみの報酬を払うのではなく社員として日常業務にあたらせ，業務終了後や祝日に選手としての活動を行うスポーツ種目（リーグ，チーム）も存在する．

　従って，日本の各種目のトップリーグはプロスポーツもあれば企業スポーツなどのアマチュアによるリーグも存在している．

プロスポーツクラブによる地域貢献活動

　プロスポーツクラブは多くが営利法人であることからクラブとしていかに収益を上げるかにむけて事業を行うが，クラブの理念からすると地域社会への貢献活動も欠くことはできない．

　この活動は先に述べた公共スポーツ施設のホームゲーム開催のための優先利用という実利的な意味合いもさることながら，スポーツが持つ「公共性」の担保といった側面もある．さらにはホームタウンへの様々な地域貢献活動により，クラブへのスポンサー企業へのコミュニケーション機会の提供ともなりうることや，クラブの新規ファン獲得に向けて様々なチャネルの創出にも繋がる．

　例えば，Jリーグクラブ浦和レッズは，Jリーグの理念である「Jリーグ百年構想～スポーツで，もっと，幸せな国へ．」を具現化し，地域スポーツ文化

を作り上げていくため，2005年7月，さいたま市西部の荒川河川敷に会員制のスポーツランド「レッズランド」をオープンし，運営を行っている．浦和レッズはスタジアムでのエンターテインメントを通じて，「観る」「支える」スポーツの楽しさを提供しているが，一方で，レッズランドでは，さらに「する」「学ぶ」スポーツの場と機会を広げていく取り組みを行い，健全な青少年育成，生きがい創り，スポーツ文化の発展，振興に寄与していこうとしている．

　プロスポーツは単にビジネスとして事業を行うことだけでなく，クラブブランディングやサービス創出という観点で地域貢献活動は重要となる．

プロスポーツクラブの組織形態

　プロスポーツクラブの組織形態はクラブの設立理念や設立経緯，ビジョン，経営方針，財政規模，ホームタウンの状況，事業内容により様々である．

　クラブは理念を掲げ，経営資源を調達し，運用し，持続可能な経営を目指して活動を行っていくための組織形態を整える．基本的には，大きく分けるとチームマネジメントと事業マネジメントの2つのセクションに分かれる．チームマネジメントではトップチーム選手の調達や運営に関する事項で，事業マネジメントはホームゲームの運営，広報，スポンサー営業，チケッティング，マーチャンダイジング，ホームタウン活動などがある（図3-4）．

	ファン・マーケティング事業本部	運営・クラブイベント事業部
		ファン・マーケティング事業部
	パートナー事業本部	パートナー事業部
		ホームタウン事業推進部
	広報・メディアコンテンツ事業本部	広報・メディアコンテンツ事業部
	経営管理本部	経営管理部
		特命担当 兼 一般社団法人コンサドーレ北海道スポーツクラブ
	チーム統括本部	トップチーム

| 社長 | 専務
取締役
取締役CMO　兼
バイスプレジデント | GM |

図3-4　北海道コンサドーレ札幌の組織図

（出所）北海道コンサドーレ札幌オフィシャルサイト．

52

また，事業マネジメントのうち，青少年カテゴリー育成のためのアカデミーや興行種目以外のスポーツ活動など学校施設や既存の公共スポーツ施設を利用する事業を営利事業（興行事業）と明確に区別するためにそれらの活動を非営利法人（NPO法人や一般社団法人など）として運営することで活動を広げているクラブの事例もみられる．

　例えば，Ｊリーグクラブの湘南ベルマーレは2002年４月，活動の更なる充実を図るため，株式会社湘南ベルマーレに加え特定非営利活動（NPO）法人湘南ベルマーレスポーツクラブを新たに設立し，サッカーだけに留まらない様々な活動をスタートさせている．

　株式会社湘南ベルマーレはサッカーのトップチーム，U-18，U-15の活動を管轄し，NPO法人湘南ベルマーレスポーツクラブではビーチバレーチーム，トライアスロンチーム，フットサルチーム，サイクルロードチーム，そしてラグビーセブンズチームの活動をサポートしている．またNPOではサッカースクールの他，各種競技の普及活動を幅広く展開している．

　湘南ベルマーレスポーツクラブはヨーロッパの総合型地域スポーツクラブのように，多種多様なスポーツをホームタウンの人々が気軽に楽しめるスポーツクラブづくりを目指し，また各競技チームに所属する選手たちは世界の舞台を見据えて活動できるようにこのような営利法人と非営利法人を共存させる組織形態をとっている（**図3-5**）．

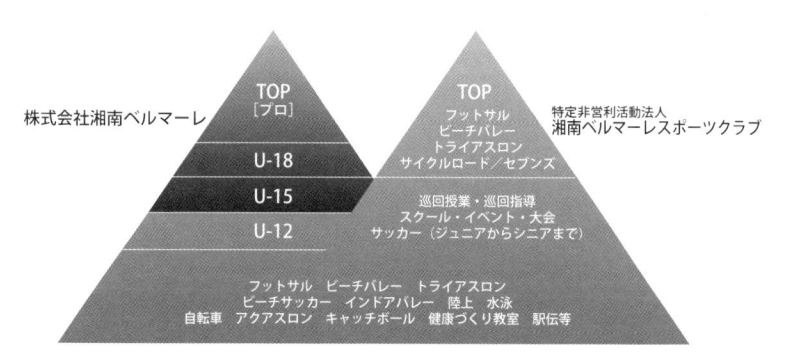

図3-5　湘南ベルマーレと湘南ベルマーレスポーツクラブの関係

（出所）湘南ベルマーレ公式サイト．

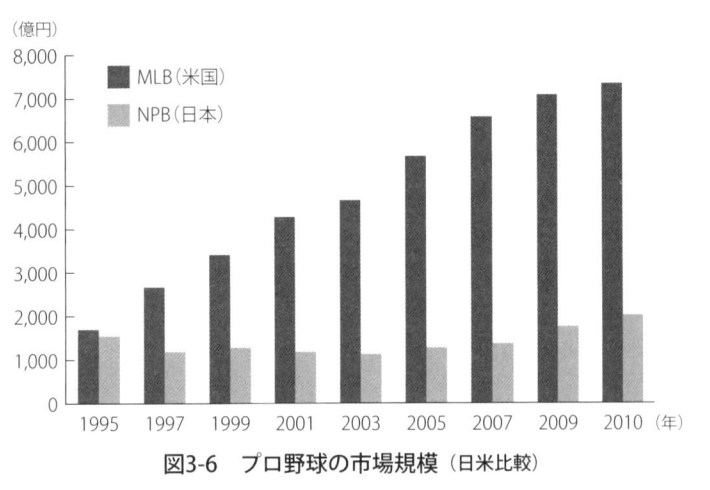

（億円）

図3-6　プロ野球の市場規模（日米比較）

（出所）スポーツ庁・経済産業省［2016］.

プロスポーツと産業

　産業としてのプロスポーツをみると，例えば1995年における日本のプロ野球（NPB）の市場規模と米国のMLBの市場規模に大きな差はなかった．しかし，15年後の2010年ではMLBの市場規模はNPBの3.5倍となる産業となった．人口や文化の差はあるとはいえ，MLBに及ばずともNPBの市場拡大については可能性があることを示している．

　従って今後プロスポーツ界にも，スポーツをビジネスとして拡大できるよりプロフェッショナルな人材が求められる．

注）

　1）法人格：個人以外で権利や義務の主体となり得るもの．

参考文献

　山口泰雄編［2004］『スポーツ・ボランティアへの招待——新しいスポーツ文化の可能性——』世界思想社.

資料

　スポーツ庁・経済産業省［2016］「スポーツ産業の活性化に向けて」.

文部科学省［2015a］『スポーツにおけるボランティア活動活性化のための調査研究（スポーツにおけるボランティア活動を実施する個人に関する調査研究）』報告書.

――――［2015b］『スポーツにおけるボランティア活動活性化のための調査研究（スポーツにおけるボランティア活動を担う組織・団体活性化のための実践研究）』報告書（https://www.ssf.or.jp/thinktank/volunteer/2014_report21.html，2021年3月30日 閲覧）.

文部省［2000］「スポーツにおけるボランティア活動の実態等に関する調査研究報告書」スポーツ庁スポーツ審議会スポーツ・インテグリティ部会（2019年2月13日）配布資料.

ウェブサイト

WEDGE REPORT 2011年10月25日記事（http://wedge.ismedia.jp/articles/-/1552，2018年11月20日閲覧）.

浦和レッドダイヤモンズ公式サイト（http://www.urawa-reds.co.jp/，2018年11月20日閲覧）.

県民活動応援サイト島根いきいき広場（https://www.shimane-ikiiki.jp/，2018年11月15日閲覧）.

湘南ベルマーレ公式サイト（http://www.bellmare.co.jp/，2018年11月25日閲覧）.

内閣府NPOホームページ（https://www.npo-homepage.go.jp/，2018年11月10日閲覧）.

日本NPOセンター公式サイト（https://www.jnpoc.ne.jp/，2018年11月15日閲覧）.

日本サッカー協会公式サイト（http://www.jfa.jp/，2019年1月25日閲覧）.

日本障がい者スポーツ協会公式サイト（http://www.jsad.or.jp/，2019年1月30日閲覧）.

日本障がい者サッカー連盟公式サイト（http://www.jiff.football/，2019年1月30日閲覧）.

日本トップリーグ連携機構公式サイト（http://japantopleague.jp/，2018年11月20日閲覧）.

北海道コンサドーレ札幌オフィシャルサイト（https://www.consadole-sapporo.jp/，2018年11月25日閲覧）.

レッズランド公式サイト（http://www.redsland.jp/，2018年11月25日閲覧）.

4 *sports management : the beginning* ◉
スポーツによる地域マネジメント

◤ *1.* スポーツツーリズムと地域マネジメント ◢

スポーツツーリズムとは

　日本では少子高齢，人口減少が進んでいる．「『国土の長期展望』中間とりまとめ」［国土交通省 2011］によると日本の総人口は，2050年には9515万人となり，約3300万人（約25.5%）減少する．これにより地方の人口減少は都市より急激に進む．急激な人口減少は地域社会の経済活動や社会福祉などに大きな影響を及ぼす．急激な変化を防ぐためには地方において産業を創出し，雇用を生み，若者が定住できる環境を作ることが必要である．地方における産業創出の可能性を秘めているのが「スポーツツーリズム」である．本節では地域マネジメントへ大きな役割を果たす可能性を秘めた「スポーツツーリズム」について解説する．

　近年，スポーツを「みる」ためや「する」ための観光（ツーリズム）の事例が増えてきた．例えば「みる」では各種スポーツの世界大会や各国のレベルの高いスポーツリーグの観戦，特に日本人がチームのメンバーとして参加している試合を現地まで出向いて観戦するなどである．「する」では，ホノルルマラソンへの参加や国内のマラソン大会，トライアスロン，サイクリングなどの各種目の大会に参加するために大会会場まで出向き，参加するなどである．このようにスポーツツーリズム（スポーツ＋観光）はスポーツコンテンツへの欲求の高まりや健康志向の高まりなどの影響を受け市場を伸ばしている．

　スポーツツーリズムの種類として原田［2010］は「スポーツ参加型」「スポーツ観戦型」「都市アトラクション訪問型」の3領域に分類し，スポーツツーリズムの現状を説明している．さらに，海外から日本を訪れる観光の市場を「インバウンド市場」，日本から海外に出向く市場を「アウトバウンド市場」，国民が国内の移動にともなう市場を「国内市場」と説明している（**表4-1**）．

表4-1　スポーツツーリズムの３つのタイプと3つの市場

	参加型（「する」スポーツ）	観戦型（「みる」スポーツ）	訪問型
インバウンド市場	・オーストラリアからのスキー客（北海道倶知安町） ・韓国からのゴルフツアー	・アジア野球大会への韓国・台湾からの応援団 ・2002年ワールドカップへの海外からの応援ツアー	・＜コンテンツ不足の未開拓分野＞
アウトバウンド市場	・ホノルルマラソンへの参加 ・マウイ島でのゴルフ ・海外での草の根スポーツ交流	・ヤンキースの松井選手やマリナーズのイチロー選手への応援ツアー	・ヨーロッパやアメリカへのスタジアム見学ツアー
国内市場	・各地のマラソン大会やトライアスロン大会への参加 ・スポーツ合宿	・Ｊリーグやプロ野球アウェーゲームへの観戦ツアー	・スポーツ博物館やスタジアムの見学ツアー

（出所）原田編［2010:260］を基に筆者作成.

スポーツツーリズムに関する施策
「第２期」スポーツ基本計画

　2017年に策定された「第２期」スポーツ基本計画において，スポーツツーリズムの推進について第３章の「今後５年間に総合的かつ計画的取り組むべき施策」において「2　スポーツを通じた活力があり絆の強い社会の実現」の１つとして位置づけられている（**表4-2**）.

表4-2　「第２期」スポーツ基本計画におけるスポーツツーリズム

第３章　今後５年間に総合的かつ計画的に取り組むべき施策 2　スポーツを通じた活力があり絆の強い社会の実現 （2）スポーツを通じた経済・地域の活性化 ［施策目標］ 　スポーツツーリズムの活性化とスポーツによるまちづくり・地域活性化の推進主体である地域スポーツコミッションの設立を促進し，スポーツ目的の訪日外国人旅行者数を250万人程度（平成27年度現在約138万人），スポーツツーリズム関連消費額を3800億円程度（平成27年度現在約2204億円），地域スポーツコミッションの設置数を170（平成29年1月現在56）に拡大することを目指す. ［現状と課題］〜抜粋〜 　各地で国内外からの観光客誘致が図られており，スポーツの参加や観戦を目的として地域を訪れたり，野外活動等を含め地域資源とスポーツを掛け合わせた観光を楽しんだりするスポーツツーリズムの拡大が必要である. ［具体的施策］〜抜粋〜 　イ　地方公共団体は，国のスポーツツーリズムに係る消費者動向の調査・分析やスポーツコミッションの優良な活動事例の情報提供等を活用し，地域スポーツコミッションの設立支援や，海・山・川など地域独自の自然や環境等の資源とスポーツを融合したスポーツツーリズムの資源開発等の取組を持続的に推進する.

（出所）スポーツ庁［2017］.

施策目標としてスポーツツーリズムの活性化とスポーツによるまちづくり・地域活性化の推進主体である地域スポーツコミッションの設立を促進することを挙げ, そのため地方公共団体は国のスポーツツーリズムに係る消費者動向の調査・分析やスポーツコミッションの優良な活動事例の情報提供等を活用し, 地域スポーツコミッションの設立支援や, 海・山・川など地域独自の自然や環境等の資源とスポーツを融合したスポーツツーリズムの資源開発等の取組を持続的に推進する, としている.

スポーツツーリズム推進基本方針

　2011年, 観光庁が主導するスポーツ・ツーリズム推進連絡会議は国内でスポーツツーリズムを推進するための方針である「スポーツツーリズム推進基本方針」を策定した. 同方針で, スポーツツーリズムを以下のように捉えている.

　　我が国には, プロ野球, Jリーグ, ラグビー, プロゴルフ, 大相撲, 柔道, 体操, 公営競技などの国際的に高い評価を受け, 既に日本独自の文化となった「観る (観戦)」スポーツが存在する. そして, 豊かな自然環境や美しい四季を利用した, スキー, ゴルフ, 登山, サイクリング, 海水浴, さらに今日では, 全国各地の魅力的な都市・地域で開催されている市民マラソンなど, 多くの国民が親しむ「する」スポーツが存在する.
　　特に, 地域の自然環境を活用したラフティングやトレッキングなどのアウトドアレジャー, 海洋国ならではのマリンスポーツやダイビングなどのオーシャンスポーツ, また山岳国の強みを活かしたスキー, 登山, ヒルクライム, パラグライダーなどのアウトドアスポーツは, 我が国の観光振興において極めて高い潜在力を持っている.
　　さらに, これらの「観る」スポーツや「する」スポーツを「支える」地域, 団体・組織やスポーツボランティアが存在する. 我が国はアジア有数のスポーツ先進国であり, スポーツを取り巻く環境は他のアジア諸国と比較して優位である. スポーツツーリズムとは, こうした日本の優位なスポーツ資源とツーリズムの融合である.

　さらに同方針では「スポーツツーリズムは, スポーツを『観る』『する』ための旅行そのものや周辺地域観光に加え, スポーツを『支える』人々との交流, あるいは生涯スポーツの観点からビジネスなどの多目的での旅行者に対し, 旅

表4-3　観光立国推進基本計画におけるスポーツツーリズム

コ　スポーツツーリズムの推進 　スポーツの参加や観戦を目的として地域を訪れたり，地域資源とスポーツを掛け合せた観光を楽しむスポーツツーリズムは，国内旅行需要の喚起やゴルフ，スキー等スポーツへの志向性の高い外国人旅行者の訪日促進に寄与するものである．今後，国内外からの交流人口を一層拡大するためには，地域性の高い魅力あるスポーツ観光資源の創出と，スポーツツーリズムの需要喚起・定着化が必要と考えられる． 　これからの数年間はラグビーワールドカップ2019，2020年東京オリンピック・パラリンピック競技大会をはじめとした国際的メガスポーツイベントが国内で多数開催されることからも，合宿・キャンプの誘致等や大会観戦者の国内周遊促進，さらにリピーター化促進も重要となる．このため，地域スポーツコミッションの設立を促し，スポーツ観光資源の開発や，イベント開催，大会・キャンプ等の誘致等の活動に対し支援を行うとともに，関連する産業界とも連携・協働したスポーツツーリズムの魅力訴求により，国民全体の需要を喚起し，定着化を図る．また，スポーツ庁・文化庁・観光庁が連携し，スポーツと文化芸術が融合した体験型観光素材の創出を図る． 　さらに，文化体験等を通じて地域の魅力を体験するスポーツツーリズム等の各種の滞在プランの造成を促し，海外に発信するよう取り組む． 　また，国内外の旅行者が減少する冬期の観光振興のため，スノーリゾート・スノースポーツの魅力向上や国内外への情報発信等に取り組む．

（出所）観光庁［2017］.

行先の地域でも主体的にスポーツに親しむことのできる環境の整備，そしてMICE推進の要となる国際競技大会の招致・開催，合宿の招致も包含した，複合的でこれまでにない『豊かな旅行スタイルの創造』を目指すものである.」とも述べている.

観光立国推進基本計画

　2017年，観光庁は観光立国推進基本法に基づき，平成29年度〜平成32年度（4年間）の新たな観光立国推進基本計画を策定した.

　スポーツツーリズムは，同計画の第3章「観光立国の実現に関し，政府が総合的かつ計画的に講ずべき施策」の「1．国際競争力の高い魅力ある観光地域の形成」の（二）観光資源の活用による地域の特性を生かした魅力ある観光地域の形成　⑥温泉その他文化，産業等に関する観光資源の保護，育成及び開発で触れられている（**表4-3**）.

地方創生

　2014年9月に政府は地方創生を目指し『まち・ひと・しごと創生本部』を設置した.

同本部の示した「長期ビジョン」および「総合戦略」では，同本部を設置した背景として国内で

① 2008年に始まった人口減少は，今後加速度的に進む．
② 人口減少による消費・経済力の低下は，日本の経済社会に対して大きな重荷となる．
③ 国民の希望を実現し，人口減少に歯止めをかけ，2060年に１億人程度の人口を確保する．
④ まち・ひと・しごと創生は，人口減少克服と地方創生をあわせて行うことにより，将来にわたって活力ある日本社会を維持することを目指す．

と述べており，今後の具体的な施策の方向性として，

① 地方における安定した雇用を創出する．
② 地方への新しいひとの流れをつくる．
③ 若い世代の結婚・出産・子育ての希望をかなえる．
④ 時代に合った地域をつくり，安心な暮らしを守るとともに，地域と地域を連携する．

を掲げ，それぞれに対し財政支援や人材育成などの具体的な施策を設けている．

　これらの具体的施策の展開にスポーツツーリズムは大きく貢献できる可能性を秘めている．例えば，経済効果であるが，スポーツイベントの誘致ができれば開催前の施設やインフラ整備のために工事事業が発生し，仕事を生み，雇用が生まれる．イベント開催期間中は来訪者の宿泊費，飲食費，交通費などがイベント開催地に落ちる．スポーツ合宿地やプロスポーツの試合開催時にも同様な効果が期待できる．

　次にシティプロモーションであるが，大規模スポーツイベントが開催されればその街の地名を国内外に知ってもらうことができる．そうすることで，その街を訪れる観光客の誘客につながり，その街の特産物の購買に繋がる可能性も出てくる．そうすれば，仕事が生まれ，雇用が生まれる．近年，インバウンド（海外からの観光客）が急増している中で，大都市だけではなく地方の街にもこの流れを引き込むことができれば，地方にも大きな経済効果を生む．そのためにも自らの街を観光客に知ってもらうことが必要なのである．

　最後にソーシャルキャピタルだが，スポーツイベントを通して，住民の相互

の信頼関係や協力が得られるため，他人への警戒が少なく，治安・経済・教育・健康・幸福感などに良い影響があり，社会の効率性が高まるとされており，若い世代が安心して結婚・出産・子育てができるようになり，地方の人口流出，人口減少に歯止めをかけることができる．

このように，スポーツツーリズムは地方創生のために，大きな役割を果たせる可能性を秘めており，地方創生のためにチャレンジすべきテーマなのである．

◤2. スポーツによるシティプロモーション ◢

シティプロモーションとは

スポーツとシティプロモーションとの関係性は強い．例えば，サッカークラブで有名なFCバルセロナやマンチェスターユナイテッドのクラブ名には都市名が入る．テニスの大会で有名なウィンブルドンも街の名前だ．また，オリンピック・パラリンピックの開催地になることでその都市名は全世界に知れ渡ることになる．

Jリーグクラブの北海道コンサドーレ札幌に所属するインドネシア出身のチャナティップ・ソングラシン選手はInstagramのフォロワー数は190万を超えており，同選手の発信により札幌や北海道の魅力がタイ国民に知られるなどの現象が起こっている．

そこで本節ではシティプロモーションとスポーツの関係性について紹介する．

まず，シティプロモーションとは，日本都市センター［2014］によると「地域の魅力を内外に発信し，その地域へヒト・モノ・カネを呼び込み地域経済を活性化させる活動」である．

また，河井［2013］によるとシティプロモーションとは「地域を持続的に発展させるために，地域の魅力を発掘し地域内外に効果的に訴求し，それにより，人材，物財，資金，情報などの資源を地域内部で活用可能としてくこと」であり，「市民の連携によって，地域の多様なステークホルダーが持続可能性をもって活動し続けられること」だと述べている．

定期的なスポーツイベントが開催されるためにはそのイベントを開催する意義を地域の住民が理解する必要がある．イベントが開催される地域の歴史や風土，地理的条件，社会要因など様々な要素のもとにそのイベントが開催される必要性を地域住民が理解することで，人材や資金などの協力が生まれる．地域

の協力を得られて魅力的な内容のイベントとなれば，地域外の人々にイベントを知ってもらうことができる．そのことで地域外からの参加者がイベント参加のためにその地域を訪れることになると宿泊や飲食などの経済効果が生まれたり，地域の認知度・ブランドイメージがアップしその地域の物産の販促に繋がったり観光客の誘客につながる可能性も拡がる．

　スポーツイベントによる効果と同様に，プロスポーツクラブがあることで定期的にホームゲームに地域外から相手チームの応援団が訪れたり，クラブ名に地域名を冠していればクラブ名がメディアで取り上げられれば地域名を多くの視聴者に認知してもらうこともできる．

　このようにスポーツイベントやプロスポーツクラブとシティプロモーションは密接に関係しており，地方創生が叫ばれる昨今，スポーツが果たせる役割は大きい．

システムとしてのシティプロモーション

　シティプロモーションは，継起的で多段階なシステムとして考える（図4-1）．
　都市が持続・発展するという目標を達成するにはその都市に人が定住することが重要であり，定住者を増やすためにはそのきっかけとなる産業・雇用の創出や観光客などの交流人口の増加が不可欠である．例えばスキー場やアウトドアスポーツリゾートなどによる産業化や雇用創出，観光客誘客などである．

　定住希望者や観光客から選んでもらうためには，その都市が他の都市と比べ魅力的な自然環境や立地，文化，生活環境が整っていることを発信する必要がある．そのために例えば地元のＪリーグクラブの活躍やイメージ，試合会場の雰囲気などをメディアを通して発信してもらうことでその地域の認知度も高まる．特にＪリーグクラブの名前には地域名を入れなくてはならず，クラブ名が発信されることにより地域名も発信される．

　実践的なシティプロモーションの段階として，都市コンテンツの充実がある．文化的や自然的，生活環境の魅力を発掘・開発することで移住者や観光客への魅力がさらに高まる．例えば，日常的に個人や家族でスポーツを気軽にすることや観ることができる環境があったり，観光客が楽しめるスポーツ環境があることもその１つであろう．

　これらの都市コンテンツをメディアなどにより発信する（狭義のシティプロモーション）ことで移住希望者や観光客に選んでもらうことができる．このために

図4-1　継起的で多段階なシステムとしてのシティプロモーション（広義）

都市の持続的発展（目標像）

戦略的シティプロモーション
定住人口・交流人口の増加
⇩
地域イメージ認知度の向上
⇩
実践的シティプロモーション
都市コンテンツの充実
⇩
シティプロモーション（狭義）実践活動

（出所）田中ほか編［2017:10］.

も地元のプロスポーツチームを活用したり，スポーツイベントを活用することが有効である．

地域の魅力 3 要因

　シティプロモーションで宣伝の対象となるのは地域の魅力（コンテンツ）である．

　地域の魅力は大きく分けるとその要因は 3 つある．

　具体的には自然，農林水産資源，歴史的史跡などの資源価値，道路や公共施設などのインフラを中心とした機能価値，風習，文化，交流などソフト面の情緒価値である（**図4-2**）．

　スポーツで例えるならば，アウトドアスポーツができる自然環境が資源価値，マラソンやサイクリングができる道路や土手，スポーツを楽しめるスタジアムや体育館が機能価値，その土地に昔から続いてきたスポーツがあったり行ったり観たりするスポーツを楽しむという風土があることが情緒価値であろう．

　シティプロモーションには，移住者や観光客がスポーツを楽しむことができる魅力を整えること，それを発信することが大事ではあるが，その魅力の中には単に外部の人が楽しむ場所が整えられているということだけではなく，そこに住む住民がスポーツを観たり行ったりすることを楽しんできた，また，楽しんでいるということも重要である．住民が活き活きと楽しんでいる街，楽しんできた街だからこそ，外部から見て魅力的に感じるものである．

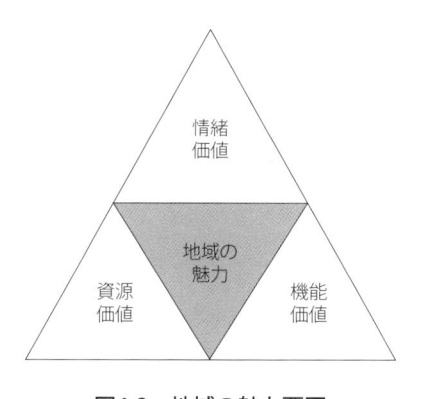

図4-2　地域の魅力要因

（出所）田中ほか編［2017:16］．

これらの魅力をどのようにスポーツイベントや地元のプロスポーツを通じて発信していくかもスポーツを通したシティプロモーションの鍵となる．

事例：日本プロサッカーリーグのアジア戦略

① Jリーグ

1993年に開幕した公益社団法人日本プロサッカーリーグ（以下Jリーグ）は，全国38都道府県に，J1・18チーム，J2・22チーム，J3・14チームで構成されており，毎年上位リーグと下位リーグとで戦績や入れ替え戦でチームの入れ替えが行われている．

Jリーグは，公益財団法人日本サッカー協会の傘下団体として，プロサッカーを通じて日本サッカーの水準向上及びサッカーの普及を図ることにより，豊かなスポーツ文化の振興及び国民の心身の健全な発達に寄与するとともに，国際社会における交流及び親善に貢献することを目的として設立された．

また，理念として ① 日本サッカーの水準向上及びサッカーの普及促進，② 豊かなスポーツ文化の振興及び国民の心身の健全な発達への寄与，③ 国際社会における交流及び親善への貢献を掲げており，サッカーのみではなくスポーツ全般の普及やスポーツを通した国際交流なども積極的に行うことも理念に掲げている．

② Ｊリーグとアジア諸国との関係

　Ｊリーグは，これまでアジアサッカーの発展を視野に入れ，アジア諸国との交流を行ってきた．2012年にＪリーグがアジア戦略を本格的にスタートする前にも，競技面でのレベルアップや各国の切磋琢磨を目的に，隣国の中国Ｃリーグ，韓国Ｋリーグと，各国リーグのチャンピオンチームが対戦する「Ａ３チャンピオンズカップ」（2003〜06年）や，Ｊリーグ，Ｋリーグのオールスターチームの対戦（2008, 09年）などの大会を開催してきた．

　これらの大会の開催によって，リーグやクラブ関係者の交流，情報の共有，ノウハウのシェアなど，競技面にとどまらない交流を図ることができた．

　Ｊリーグがこのようにアジアサッカーの発展に積極的に貢献することは，アジアのサッカーの発展につながることはもちろんだが，各国のサッカー環境の向上につながるということは引いてはその国のスポーツ文化，国民のスポーツ環境向上に貢献することになり，そのことは相手国に対する日本のプレゼンスを高めることにつながる．つまり，スポーツを通じた外交，また，ナショナルプロモーションであると言えよう．

　Ｊクラブも，2004年にアルビレックス新潟のチーム「アルビレックス新潟シンガポール」によるシンガポールＳリーグへの参加や，浦和レッズが実施する普及活動を「浦和レッズハートフルクラブ in アジア」としてアジア諸国で開催するなど，独自に交流を推進している．このように地域名を冠したクラブが現地に赴きスポーツ活動を行うことは，まさしくスポーツを通したシティプロモーションにつながり，相手国においてクラブがホームタウンとする都市の認知向上や魅力発信につながる．

③ アジアサッカーのレベル底上げと，日本サッカーのレベルアップのために「アジア枠」の導入

　現在，市場規模においては，イングランド，スペイン，ドイツをはじめとする欧州諸国，そして競技面においては欧州に加え，ブラジル，アルゼンチンなどの南米の国々が世界のサッカーのトップに君臨している．

　Ｊリーグは，日本サッカーのレベルアップだけでは，日本も含めたアジア諸国が世界のトップレベルに追い付き，FIFAワールドカップをはじめとする国際舞台で好成績を収めることができないと考えている．

　アジア諸国から優秀な選手を獲得して，Ｊリーグに活躍の場を広げることで，

Ｊリーグの競技面におけるレベルアップを図ること．Ｊリーグで活躍するアジア諸国の選手が自国の代表チームで活躍し，強いライバルとなることによって，日本代表のレベルアップにつなげること．そして，アジア諸国の選手がＪリーグで活躍することで，アジアの注目をＪリーグに集め，Ｊリーグとアジアサッカーの市場拡大を目指すこと．これらの目的のために，2009年から各チームの外国籍選手の登録数を拡大して，３名の外国籍選手枠に加え，アジアサッカー連盟加盟諸国の選手１名を登録可能とする「アジア枠」を設けている．

④ アジア市場の拡大を目的にしたアジアサッカーへの貢献

　Ｊリーグは，アジアにプロサッカーの大きな市場が生まれ，その中心にＪリーグが位置することで，競技面，ビジネス面の両方において，日本が欧州とは異なるスタイルのサッカー大国となりうると考えている．

　そのためには，アジア諸国においてＪリーグの位置付けを確固たるものとすること，パートナーやＪクラブの新しい事業機会を創出することが不可欠となる．

　それらを実現するため，2012年から，テレビ放送を利用したアジア諸国でのＪリーグの露出拡大，Ｊリーグがこれまで培ってきたノウハウをアジア諸国と共有することや，現地でのサッカークリニック，イベントなどの実施，ASEAN（東アジア諸国連合）のリーグとパートナーシップ協定締結など，具体的な活動を進めている．また，Ｊリーグはスポーツの分野から世界に輸出できる日本の産業として，Ｊリーグを「ジャパンブランド」の１つと位置付けることを提案し，経済産業省が取り組む「クール・ジャパン戦略」，総務省，外務省，国際交流基金，JICA（独立行政法人国際協力機構）等と連携しながら，新たなビジネス機会の創出や，日本経済の発展に寄与することを目指している．これらを遂行するため，Ｊリーグ内に「アジア室」を設立し，Ｊリーグ，Ｊクラブ，パートナーの新規事業開拓を行っている．

⑤ Ｊリーグアジア戦略について

　2012年，Ｊリーグ内にアジア戦略室（現在はアジア室）を設立．アジア全体のサッカーのレベルアップをＪリーグが主導して促進し，世界のサッカー市場におけるアジアの価値向上を目指す．また，アジアの中でＪリーグのプレゼンスを高め，パートナーやリーグ，クラブの新規事業機会を創出し，将来的にアジアの内でリソースを最大化させることを目的とする．

⑥ Jリーグのノウハウをアジアとシェアするアジア諸国のプロリーグとの
パートナーシップ協定締結

Jリーグは，2012年に，タイプレミアリーグ（2月）とのパートナーシップ
協定の締結を皮切りに，アジア各国との連携を強化している．2015年1月現在，
タイ，ベトナム，ミャンマー，カンボジア，シンガポール，インドネシア，イ
ランの7カ国とパートナーシップ協定を締結している．

Jリーグが海外のリーグとパートナーシップ協定を締結するのは初の試みで
あり，相互のサッカーならびにリーグの発展に必要な情報の交換を図り，関係
国の競技力向上や，アジアサッカーのレベルアップにつながるための様々な取
り組みを行うことを目的としている．

3. アウトドアスポーツ（サイクリング）事業による地域スポーツマネジメント

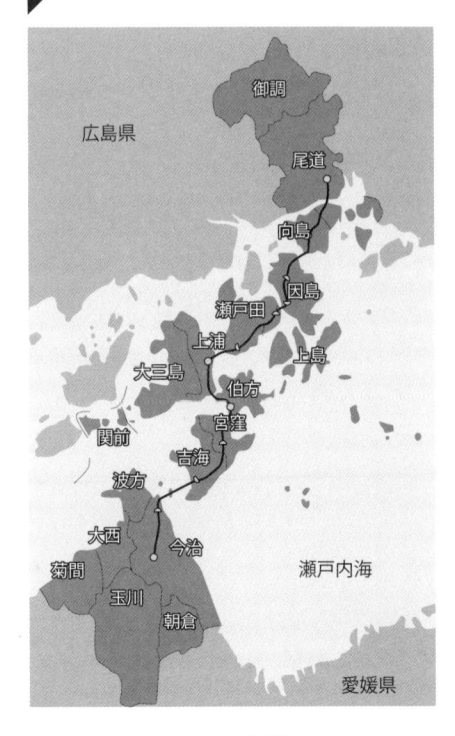

図4-3　しまなみ海道のマップ

（出所）尾道市観光課説明資料.

事例：しまなみ海道サイクリング
しまなみ海道サイクリングについて
　しまなみ海道（西瀬戸自動車道）は，
本州四国連絡橋3ルートの中で，唯一
自転車歩行者が併設されている自動車
道（一般国道317号）で，総延長59.4km.
広島県尾道市〜愛媛県今治市までの6
島を7橋で結ぶ（**図4-3**）．7橋の内6
橋に自転車歩行者道が整備され，各島
の周回道路と併せて総延長70kmのサ
イクリングロードとなっている．2014
年7月には自転車通行料の無料化
（2022年3月まで暫定）が実現し，更に多
くのサイクリストが訪れている．

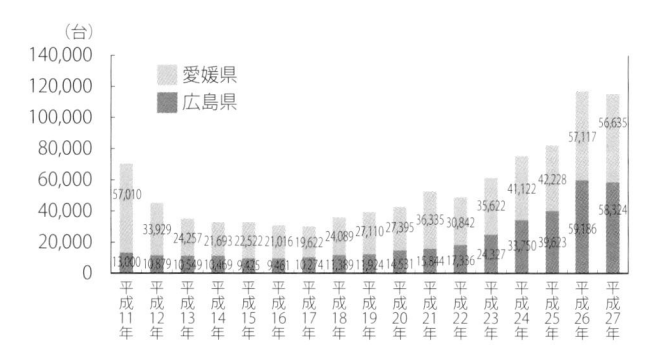

図4-4　しまなみ海道レンタサイクル利用実績（平成11年〜27年度）

（注）平成27年度は12月までの実績.
（出所）尾道市観光課説明資料.

尾道市のサイクリングに関する取り組み

１）レンタサイクル事業

　1999年5月に瀬戸内自動車道「瀬戸内しまなみ海道」が全線供用開始した時に，開通記念イベントの一環としてレンタサイクル636台を有するレンタサイクルターミナルが設置された.

　市内に6カ所のターミナルがあり，小径スポーツ車，クロスバイク，シティサイクル，軽快車，タンデム自転車，電動アシスト自転車を貸出している.

　観光客のサイクリングロード利用として，自身の自転車を持ち込むパターンと，レンタサイクル利用のパターンがあるがレンタサイクル利用者は年々増加している（**図4-4**）.

２）しまなみサイクルオアシス事業

　しまなみを訪れたサイクリング客が気軽に立ち寄り休憩や地域の人々との交流が図れる「おもてなし」の場所として「しまなみサイクルオアシス」を地域住民の協力を得て整備した.

　整備対象・内容は，尾道市内に所在する，企業，商店，レストラン，宿泊施設，土産物店，ガソリンスタンド等を対象として，軒先や庭先，駐車場等をサイクリング客向けの休憩所として開放できる協力者を募集し，書類選考・現地調査等により「しまなみサイクルオアシス」として選定し，器材（**表4-4**）の中

から，貸与する器材の種類，数量や空間デザイン等を協力者と個別に協議したうえで無償貸与する.

表4-4　サイクルオアシスに貸与する器具

サイクルオアシスのシンボルタペストリー
自転車スタンド
サイクリング車用空気入れ
必要なパンフレット等の印刷物

　応募要件として，軒先・庭先・駐車場等の一角（10㎡程度以上）をサイクリング客の休憩場所として無償で開放できるもの，サイクリング客に対して市から貸与を受けた器材を無償で積極的に活用・提供できるもの，サイクリング客の要望に応じて飲み水（水道水等）を提供できるもの，サイクリング客のトイレの借用を了解できるものがある.

写真4-1　サイクルオアシスシンボルタペストリー

（出所）筆者撮影.

3）しまなみ島走レスキュー事業
　しまなみを訪れたサイクリストが怪我や自転車の故障等により島内で立ち往生した際の救援システムを構築し，しまなみの隅々まで安心して周遊できる環境を整備した.
　役割として，タクシー会社がサイクリストや故障自転車をサイクリストからの連絡により通常のタクシー料金で運搬し，自転車店はサイクリストやタクシー会社からの連絡により故障自転車を修理し，尾道市はシステムの構築及び必要な器材（自転車積載キャリー等）の貸与並びに県内外へのPRを行う. 現在,

タクシー会社 7 社，自転車店10店舗が同事業に登録している．

4）しまなみ自転車の宿

　同事業は，サイクリストの聖地“瀬戸内しまなみ海道”を訪れるサイクリスト宿泊客の増加を図るため，自転車の安全な保管や自転車荷受け・発送取次ぎの有無など，サイクリストが宿泊施設を選択する際に重視すると思われる項目を調査・整理し，「しまなみ自転車旅の宿」として，HPやチラシなどで広く情報を発信することを目的として行っている．尾道市内を所在地とする宿泊施設が対象となっており，2014年11月現在で34施設が登録している．

5）サイクルイベント

　しまなみ海道を活用したサイクリングイベントには大きく分けると 3 つある．

　本州四国連絡高速道路と瀬戸内しまなみ海道振興協議会主催のスタンプラリー形式の「しまなみ縦走」（**表4-5**），尾道市（観光課）主管のファンライド形式のサイクリングイベント（**表4-6**），広島テレビ放送主催の「グラン・ツール・せとうち」（**表4-7**）である．これらのイベントへの参加者は年々増加傾向にある．

表4-5　しまなみ縦走参加者数の推移

本州四国連絡高速道路（株）・瀬戸内しまなみ海道振興協議会主催
しまなみ縦走開催実績

No	開催年月日	大会名	区分	参加者数
1	H12.3.25〜26	第1回しまなみ縦走	スタンプラリー	1,038
2	H12.10.14〜15	第2回しまなみ縦走	スタンプラリー	1,116
3	H13.3.24〜25	第3回しまなみ縦走	スタンプラリー	612
4	H13.9.15〜16	第4回しまなみ縦走	スタンプラリー	362
5	H14.3.23〜24	しまなみ縦走2002	スタンプラリー	354
6	H15.3.22〜23	しまなみ縦走2003	スタンプラリー	433
7	H16.3.20〜21	しまなみ縦走2004	スタンプラリー	576
8	H17.3.19〜20	しまなみ縦走2005	スタンプラリー	570
9	H18.3.25〜26	しまなみ縦走2006	スタンプラリー	767
10	H19.3.24〜25	しまなみ縦走2007	スタンプラリー	548
11	H20.3.22〜23	しまなみ縦走2008	スタンプラリー	918
12	H21.3.21〜22	しまなみ縦走2009	スタンプラリー	1,686
13	H22.3.20〜21	しまなみ縦走2010	スタンプラリー	1,632
14	H23.3.19〜20	しまなみ縦走2011	スタンプラリー	1,517
15	H24.3.24〜25	しまなみ縦走2012	スタンプラリー	1,998
16	H25.3.23〜24	しまなみ縦走2013	スタンプラリー	2,116
17	H26.3.22〜23	しまなみ縦走2014	スタンプラリー	2,704
18	H27.3.21〜22	しまなみ縦走2015	スタンプラリー	3,484

（出所）尾道市観光課説明資料．

表4-6　尾道市（観光課）主管サイクリング大会関係実績一覧

No	開催日	大会名	区分	参加申込数	当日参加者数	完走者数
1	平成21年10月17日〜18日	サイクルモードしまなみアイランドライド2009	ファンライド	731	709	705
2	平成22年10月9日〜10日	サイクルモードしまなみアイランドライド2010	ファンライド	1,676	1,525	1,472
3	平成23年9月17日〜18日	サイクルモードしまなみアイランドライド2011	ファンライド	2,163	1,917	1,881
4	平成24年10月21日	第1回瀬戸内しまなみ海道サイクリング尾道大会	ファンライド	1,147	1,058	1,044
5	平成25年10月27日	第2回瀬戸内しまなみ海道サイクリング尾道大会	ファンライド	1,250	1,138	1,124
6	平成26年05月25日	第3回瀬戸内しまなみ海道サイクリング尾道大会	ファンライド	1,015	923	908
7	平成27年10月25日	第4回瀬戸内しまなみ海道サイクリング尾道大会	ファンライド	1,140	1,077	1,070

（出所）尾道市観光課説明資料.

表4-7　広島テレビ放送主催「グランツール・せとうち」参加者数一覧

No	開催日	大会名	区分	参加申込数	当日参加者数
1	2013/5/25-26	グラン・ツール・せとうち2013	ファンライド	899	847
2	2014/4/19-20	グラン・ツール・せとうち2014	ファンライド		1,271
3	2015/4/18-19	グラン・ツール・せとうち2015	ファンライド	1,953	1,539

（出所）尾道市観光課説明資料.

6）ブルーラインの整備

　尾道駅から愛媛県今治駅までサイクリストが迷わず走行できるように推奨ルート（しまなみ海道サイクリングロード推奨ルート）の車道左端に幅20cmの青色のライン（ブルーライン）が設置されている．推奨ルートは，平成10年8月に広島県や尾道市などから構成された「広島県しまなみ海道'99イベント協会」などが中心となり，初心者でも楽しめるルートとして設定された．ルートは，県が管理する国道・県道，尾道市が管理する市道，本州四国連絡高速道路公社の管理する西瀬戸自動車道の渡海橋から構成されている．

事例：ビワイチサイクリング

琵琶湖一周サイクリング「ビワイチ」について

　「ビワイチ」は，「琵琶湖一周サイクリング」の略である．周囲200kmで湖の周りなので高低差はさほどない．

　2009年には「輪の国びわ湖推進協議会」が設立された．ミッションとして1）普及啓発：自転車ファンを増やし正しい乗り方を広める．2）社会提案：自転車を活かす暮らし方・まちづくりを提案する．3）調査研究：自転車の使いやすい環境やツール等について研究する．4）ネットワーク活動：交通に関連する団体や個人と関係を深める．を掲げ，様々な事業に取り組んでいる．例えば「びわ湖一周認定証」である．同認定証は湖岸沿いの施設に設置されたチェックポイントを4カ所以上チェックし，申請するとヨシ紙でできた特製「びわ湖一周サイクリング認定証」と毎年色違いの「びわ湖一周サイクリング認定ステッカー」がもらえる．裏にはチェックした時分秒が記載される．2015年9月にはJR米原駅（滋賀県米原市）を自転車での「ビワイチ」の拠点にしようと，同県などでつくる「鉄道を活かした湖北地域振興協議会」が，同駅でサイクリング用の自転車を貸し出す社会実験を行った．2016年3月にはびわ湖一周ロングライドが開催される．

守山市について

　滋賀県守山市は琵琶湖の南南東に位置し，人口8万852人世帯数2万9942世帯を抱える．良好な自然環境に恵まれたのどかな田園都市であり，1）JRで京都駅へ25分，大阪駅へ55分という利便性　2）自治会加入率95％を誇る地域の絆　3）病院の充実による良質な医療サービス　4）市内に中高一貫校が2校あるという教育環境　5）さらには中山道宿場町等の歴史と伝統も兼ね備えたまちであるなど，様々な魅力がある．市の北西部にある湖岸には，守山市の玄関口でもある「琵琶湖大橋」や雄大な琵琶湖を見渡せるリゾートホテル，大型ショッピング施設やキャンプ場，自然公園などが点在している．

守山市が「ビワイチ」に取り組んだ経緯について

　2015年10月に2015年〜2019年度の戦略として「守山市まち・ひと・しごと創生総合戦略」を策定した．戦略内の「ひと」についてその基本目標を「住みやすさの質を高め，均衡のとれた人口増加と交流人口の拡大を実現する」とし，

具体的な1つに「自転車や湖上交通等，守山らしい素材と強みを活かした観光交流を推進し，国内外から人を呼び込むことを目指す.」とした．また，数字的な数値目標として観光入込客数：126万人（2014（平成26）年時点：10万人の増加）を掲げている．

　また，同戦略内で守山市が「自転車を軸とした観光振興と受入体制の充実」の取り組んだ背景として，① 守山市は地形が平坦で自転車に適した地勢であることや琵琶湖一周サイクリング（通称「ビワイチ」）の経験者が最も多く立ち寄る場所・施設が琵琶湖大橋であることから，自転車を軸に観光振興を図ることは，本市の交流人口の拡大に大きく寄与すると考えられる．

　②また，自転車関連産業は，自転車の部品から衣料，サイクリングツアーに伴う宿泊・飲食需要等まで含めると経済波及効果の大きな裾野の広い産業であり，自転車を活かしたまちづくりの推進は，本市に立地する企業（製造業，サービス業等）にも経済効果が及ぶことが期待される．の2点を述べている．

守山市が取り組む施策について

　守山市が取り組む施策の内容として，以下のものがある．

　①自転車を活かしたまちづくりについて本市が有するポテンシャルを最大限に活かすともに，その大きな経済波及効果を踏まえ，ハードとソフト両面においてインパクトが大きく，かつサイクリストの目線に立ったきめの細かい事業を官民が連携して推進する．

　②具体的には，ビワイチの出発・目的地としてサイクリストに選ばれるよう，休憩・利便施設や象徴的施設の整備を進めるとともに，市内の自転車愛好者が官民の枠を超えて連携し，本市全体でサイクリストを受け入れる満足度の高いサービスや環境を整えていく．また，そうした官民の連携体制のもと，自転車関連事業者の誘致や市内の関連産業の需要創造，新たな商品開発につながる取組を推進する．

　具体的な事業としては**表4-8**のとおり．

表4-8　守山市が取り組むビワイチ関連事業

1	「(仮称) ビワイチステーション」の整備 (自転車の道の駅の機能 (休憩・利便施設, 碑, 広場, 駐輪場, 園路等) を美崎公園から琵琶湖大橋周辺までの適切な場所に整備)
2	(仮称)「ビワイチステーション」と連携した自転車関連事業者の誘致
3	(仮称)「ビワイチステーション」と連携した低料金で宿泊でき, 自転車利用者に配慮した宿泊施設の整備および民間活力を活かした運営 (宿泊施設, 仮設店舗等)
4	レンタサイクルの充実 (駅前や市民交流ゾーン, 湖辺交流ゾーン等の拠点において, ビワイチ観光や市内の周遊観光にふさわしい自転車のレンタル拠点を整備)
5	漁船タクシー等によるビワイチ支援 (時間短縮ルートを選択するビワイチ観光客のサポートやパンク・体調不良等による途中リタイア支援)
6	利用しやすい自転車道・サイクルレーンの整備, モデルルートの制定 (新・旧野洲川, 新守山川, 目田川, すこやかロード, さざなみ街道, 湖南街道等)
7	休憩施設「サイクルオアシス」の指定と機能の充実 (民間施設も含めて指定. サイクルスタンドの無償貸与等を検討)
8	(仮称) 自転車を活かしたまちづくり推進協議会の設立・運営 (官民が連携して自転車愛好者による「チーム守山」を組織化し事業を推進)
9	サイクリングガイドの養成 (ビワイチや市内ツーリングの安全走行を先導できる人材を養成)
10	守山野洲川クリテリウム等の自転車レース大会の開催 (地球市民の森周辺, 野洲川沿い等走行環境の優れた場所で開催)
11	道路交通法を始めとする各種規制緩和を視野に入れた自転車特区認定の検討

(出所) 筆者作成.

写真4-2　漁船タクシーによるビワイチ支援

(出所) 筆者撮影.

また，インバウンド観光の推進として，「本市には，マリーナや観光船桟橋など琵琶湖を満喫できる湖上交通のインフラのほか，国際的なスポーツである自転車の周遊ルート“ビワイチ”の目標施設である琵琶湖大橋を有し，こうした資源を活かしたインバウンド観光を推進する．」ことを施策とし，具体的な事業としては「海外のサイクリストの受入体制の整備」を行うとしている．

　このほか，滋賀県や県内自治体等と連携した効果的な取組の推進として，①滋賀県が推進する，インバウンド観光も含めたキャンペーン等のプロモーション活動やブランド戦略に対して本市も積極的に協力するとともに，湖上交通や自転車によるビワイチ観光など，滋賀県や関係する自治体と連携しながら，自転車道等の必要なインフラのネットワーク化や魅力的な観光プログラムの開発を推進する．②また，観光プログラムについては，滋賀県の協力・支援を通じて関西広域連合による広域的なPRを推進する．例えば，琵琶湖をはじめ淡路島，鴨川，淀川，奈良盆地，紀ノ川等，関西の各府県の自転車の広域サイクリングルートを関西のサイクリングルートとして一体的にPRしていくことが考えられる．とあり，具体的な事業としては，①湖上交通と湖岸道路等を組み合わせた手頃なビワイチ観光プログラムの開発　②ビワイチ，周遊観光等に関する共同キャンペーンを実施するとしている．

写真4-3　自転車関連企業として誘致した「GIANT」

（出所）筆者撮影．

写真4-4　ビワイチサイクルステーションののぼり

（出所）筆者撮影.

写真4-5　ビワイチサイクルステーションに設置された自転車駐輪設備

（出所）筆者撮影.

事例：飛騨古川里山サイクリング

岐阜県飛騨市について

　飛騨市は2004年に2町2村が合併し誕生した．周囲は3000mを超える北アルプスや飛騨山脈などの山々に囲まれ総面積の93%が森林で占められている．自然に恵まれた地域である（**表4-9**）.

　産業では非鉄金属製錬業や医薬品，自動車部品，セラミック製品，電子部品，給水栓，砥石，木製家具，粉末冶金，粉末加工など様々な製造業がある．また，農業では，飛騨牛に代表される肉牛畜産や高冷地野菜のトマトやほうれん草栽培などが盛んに行われている．

　地域資源としては，東京大学素粒子研究施設「スーパーカミオカンデ」をはじめとした宇宙科学研究施設，NHK連続テレビ小説「さくら」の舞台となった「白壁土蔵と瀬戸川・古い町並み」，かおり風景100選に選ばれた棚田と板倉が残る農山村の原風景，豊かな自然と水・雪を活かした酒づくりなど，多彩で個性にあふれた地域資源が存在する．

表4-9　飛騨市概要

市設立経緯	平成16年2月1日に，古川町，河合村，宮川村，神岡町の2町2村が合併し，飛騨市が誕生しました．
市環境	周囲は3000mを越える北アルプスや飛騨山脈などの山々に囲まれ，総面積792.53平方キロメートルの約93%を森林が占めています．年間を通しては，平均気温11度で四季の移り変わりを肌で感じることができ，とても自然に恵まれた地域です．
位置	東経137度11分10秒　北緯36度14分16.7秒
標高	492.84m
アクセス	県都岐阜市からJR高山線で2時間15分，富山市から1時間10分，東海北陸自動車道・飛騨清見インターから県主要地方道を経由して30分に位置．また，国道41号，360号，471号は，市内を縦・横断し物流に貢献しています．

（出所）飛騨市公式サイトより筆者作成.

表4-10　飛騨市の人口・世帯数・高齢化率の推移

	H20.4.1	H21.4.1	H22.4.1	H23.4.1	H24.4.1
総人口	28,488人	28,021人	27,659人	27,207人	26,789人
世帯数	9,125世帯	9,090世帯	9,059世帯	9,035世帯	8,994世帯
高齢化率	31.13%	31.86%	32.39%	32.59%	33.07%

（出所）飛騨市公式サイトより筆者作成.

伝統文化芸能として，毎年４月19日・20日に行われる「国の重要無形民俗文化財 古川祭（起し太鼓）」，河合町「小雀獅子」，宮川町「へんべ獅子」，神岡町「神岡祭（時代行列）」などの代表的な伝統文化が継承されている．また，伝統産業として，「和ろうそく」，「飛騨春慶」，「山中和紙」などが長い歴史の中で受け継がれている．

飛騨市の人口・世帯数は年々減少しており，高齢化率は高まっている（**表4-10**）．

飛騨市まち・ひと・しごと創生　総合戦略

飛騨市まち・ひと・しごと創生総合戦略では，観光・交流産業について，施策の基本方針の１つとして「飛騨市の魅力あるヒト，モノ，コトを活用し，他地域との差別化を図りながら独自性のある観光商品を造成することで，観光入込客数の増加を目指す．」と述べており，コト（カスタマー・エクスペリエンス）への取り組みについての重要性について触れられている．

飛騨古川里山サイクリングについて

飛騨古川にある株式会社美ら地球（ちゅらぼし）は，里山サイクリングをサービスとして提供している．同サービスでは，日本人には何気ない景色である里山の風景，日本の原風景をサイクリングを通して外国人に感じてもらうというサービスである．2010年にスタートしてから，５年間で世界四十数カ国の外国人がツアーを利用している．2009年に当初はレンタサイクルとしてはじめたが，ビジネスとして成立させるために付加価値を付ける目的で2010年からガイド付きのサービスを開始した．現在では4種類のサイングリングツアーを催行している（**表4-11，表4-12**）．

「飛騨古川里山サイクリング」は「インバウンドを見据えた着地型観光調査先進事例集」［観光庁 2015］において先に紹介した「しまなみ海道サイクリング」とともにサイクリングによる外国人観光客誘客の先進事例として紹介されている．

表4-11 株式会社美ら地球（ちゅらぼし）会社概要

会社概要	
会社名	株式会社美ら地球(ちゅらぼし)
	Chura-boshi Company
設立	2007年10月23日
役員	代表取締役　山田　拓
	取　締　役　山田　慈芳
事業内容	コンサルティング，旅行業
資本金	10,000,000円
本社	〒509-4235
	岐阜県飛騨市古川町弐之町8番8号
経営理念	
Our Mission	株式会社美ら地球は，社会交流人口を増やす事業を通じて，世界中の人々が訪れたくなり，住みたくなるようなクールな田舎を創ります． そして，日本の田舎に残された伝統文化や風景，自然を守り，その素晴らしさを地元の人々，訪れる人々と共有することにより，里山の継承，美ら地球の持続に貢献します．
Our Vision	世界中の人々が訪れたくなり，住みたくなるようなクールな田舎を創り，日本の地方部における新たなライフスタイルの提案者かつ牽引者となることを目指します．
Our 7 Values	私たちはこの7Valuesを大事にして仕事をしています．
	・Sustainable Thinking
	・Challenge
	・Accountability
	・Passion
	・Broad Perspective
	・Client First
	・Challenge

（出所）株式会社美ら地球公式サイトより筆者作成．

表4-12　株式会社美ら地球事業概要

BtoC	日本の里山には先人の培ってきた自然と共に生きる暮らしがあります。これは持続可能な社会のモデルになりうる世界に誇れる日本の宝です。SATOYAMA EXPERIENCEは,国内外のお客様に里山の暮らしを見,聞き,感じることのできるサービスを提供します。	SATOY-AMA EXPE-RIENCE	SATOYAMA EXPERIENCEは,日本の田舎を目指す旅人のためのポータルです。「里山」の暮らしに触れることのできる様々なアクティビティとオーダーメイドツアーを提供しています。私たちの強みは「旅人視点でサービスを提供できること」。スタッフ全員が飛騨への移住者かつ海外経験があり,お客様の知的欲求を満たす「ここでしかできない里山の暮らしを垣間見る経験」を創ります。観光スポットではなく,地元の方々には「なんでもない」日常こそが旅人にとっては興味津々なのです。	飛騨里山サイクリング	飛騨の暮らしを旅する,最もポピュラーなガイドツアーです。自転車を通して見える景色は,私たちが伝えたいありのままの姿を残しています。スローペースのサイクリングで,季節ごとの農村の美しさを感じるだけでなく,経験を積んだガイドが里山に広がる文化・歴史を丁寧にご案内します。また,こちらで用意する自転車はルイガノ,LGS-FIVEというモデル,鮮やかなカラーの自転車で田んぼの間を走ると,きっと日本の美しさを再認識するはずです。
				アート&カルチャー	特定の分野にフォーカスした,文化体験プログラムです。飛騨の日常の中で受け継がれてきた,美しい暮らしの所作,町をめぐりながら感じる,伝統ある暮らしの知恵,飛騨の日常の中で受け継がれてきた,美しい暮らしの所作,町をめぐりながら感じる,伝統ある暮らしの知恵,飛騨の日常の中で受け継がれてきた,美しい暮らしの所作,町をめぐりながら感じる,伝統ある暮らしの知恵,飛騨の日常の中で受け継がれてきた,美しい暮らしの所作,町をめぐりながら感じる,伝統ある暮らしの知恵,日本の多くの場所で失われてきたものが,いまだ飛騨には息づいています。
				タウン&ビレッジウォーク	「飛騨の小京都」と呼ばれ,伝統ある古い町並みや茶道文化が残る高山,「飛騨の奥座敷」と呼ばれ,室町時代からの文化が随所に息づく飛騨古川。そして,美しい日本の原風景を思い起こさせる種蔵集落。
				ロングステイ	そこには厳しくも豊かな四季があり,そこには豊かな自然からの恩恵がある。そこには豊かな生活があり,そこには豊かさとはなにかを知っている人々がいる。そこには豊かなモノ/から学び,受け継いできた意識と自覚がある。白川郷の合掌造りに代表されるように,飛騨地方には景観に調和し,自然とともに生活を豊かにする古民家が数多く源存し,人々が暮らしています。しかしながら,時代の流れとともに過疎化は避けられず,このような民家もやむなく取り壊してしまうといったケースが増えてきています。私たちは,このような古民家でのロングステイを体験していただくことで,飛騨に新しい灯をともしたいと考えています。
				板倉の宿 種蔵	
				マガジン&イベント	
BtoB	SATOYAMA EXPERIENCEに関する視察受入の他,大手コンサルティング会社で培ったスキルと自らの経験をもとにビジネスコンサルティング,オフサイト実践型企業研修などを提供しています。	視察研修	株式会社美ら地球では,数々の賞をいただいているSATOYAMA EXPERIENCE(飛騨里山サイクリング)を始め,"クールな田舎をプロデュースする"をミッションに様々な活動をしております。美ら地球の事業全体説明とともに,インバウンド,エコツーリズムなどテーマをご用意しております。地域の課題・悩みは,全国共通なものも多く,皆さまと情報交換しながら課題を共有し,解決への糸口をつかめるようなセッションにしていきたいと考えております。		
		研修	外国人対応,エコツーリズム,ロジカルシンキング等,自らの経験をベースにした研修を行います。また,ワークショップを通して課題解決を学んでいただく実践型企業研修(1カ月)も実施可能です		
		コンサルティング	外資系コンサルティング会社で培ったスキルを活かし,ツーリズム全般,インバウンド,顧客満足度向上,新規事業立ち上げ等,コンサルティングを行っております。長期でのアドバイザリーも可能です。詳しくはご相談ください。		

(出所) 株式会社美ら地球公式サイトより筆者作成。

参考文献

河井孝仁［2013］『シティプロモーションでまちを変える』彩流社.

原田宗彦編［2010］『スポーツ産業論』杏林書院.

田中道雄・テイラー雅子・和田聡子編［2017］『シティプロモーション：地域創生とまち
　　づくり──その論理と実践──』同文舘出版.

日本都市センター［2014］『シティプロモーションによる地域づくり──『共感』を都市
　　の力に──』日本都市センター.

資料

観光庁［2011］「スポーツツーリズム推進基本方針」.

────［2015］「インバウンドを見据えた着地型観光調査先進事例集」.

────［2017］「観光立国推進基本計画」.

国土交通省［2011］「『国土の長期展望』中間とりまとめ概要」（2011年2月21日国土審議会
　　政策部会長期展望委員会）.

スポーツ庁［2017］「スポーツ基本計画」.

ウェブサイト

Ｊリーグ公式サイト（https://www.jleague.jp/, 2019年1月10日閲覧）.

Ｊリーグの国際戦略（http://www.mlit.go.jp/common/001218131.pdf, 2019年1月10日閲覧）.

首相官邸公式サイト（https://www.kantei.go.jp/jp/headline/chihou_sousei/index.html,
　　2019年1月15日閲覧）.

5 sports management : the beginning
するスポーツのマネジメント

▶ 1. スポーツ実施率と競技人口

スポーツ実施率

　文部科学省は，平成24年に立てた「スポーツ基本計画」において，国民がスポーツを通じて豊かな生活を営むことができる社会を創出すると述べている．それを実現する上での具体的な課題として，（1）子供のスポーツ機会の充実，（2）ライフステージに応じたスポーツ活動の推進，（3）住民が主体的に参画する地域のスポーツ環境の整備，（4）国際競技力の向上に向けた人材の養成やスポーツ環境の整備，（5）オリンピック・パラリンピック等の国際競技大会の招致・開催等を通じた国際貢献・交流の推進，（6）スポーツ界の透明性，公平・公正性の向上，（7）スポーツ界の好循環の創出，の7つを挙げている．そのうち2つ目にあたる「ライフステージに応じたスポーツ活動の推進」の具体的な政策目標として，「できるかぎり早期に，成人の週1回以上のスポーツ実施率が3人に2人（65％程度），週3回以上のスポーツ実施率が3人に1人（30％程度）となることを目標とする」と設定している．2015年からはスポーツ庁が新たに設置され，「第二期スポーツ基本計画」を策定したが，その中でも引き続きスポーツ実施率の向上を政策目標に掲げており，国民生活にスポーツがより取り込まれるように国を挙げて政策を推し進めようとしている．スポーツ庁が平成29年に行った「スポーツの実施状況等に関する世論調査」［スポーツ庁 2017］によれば，週1回の運動実施率は51.8％であった．平成27年に行われた同調査では40.4％であったことから，成人のスポーツ実施率は少しずつではあるが伸びていることがわかる．スポーツをするといっても，どのようなスポーツを，どのように行っているかという点では多様であり，笹川スポーツ財団が行った調査によれば，国民に特に好んで行われている運動として「ウォーキング・軽い体操」が

挙げられ，都道府県によっては，次いで「サイクリング」や「ボウリング」などが好まれる傾向にあることもわかっている［笹川スポーツ財団 2017］．

スポーツ競技人口

「スポーツ白書2017」［笹川スポーツ財団 2017］によれば，各スポーツの競技人口を正確に把握することは難しいとしながらも，個人登録者数として最も多いのはサッカー(99万5670人)であった．次いでバスケットボールが多く(63万6987人)，ゴルフ（55万1218人），ソフトテニス（45万8275人），バレーボール（41万6273人）と続いた．野球は，国内に統括団体が存在しないために競技人口の把握がより困難であり，登録人数は算出されていないが，国内のチーム数が5万9083と算出された．また，18歳人口や学校数が著しく減少する中，競技人口についても少子化の影響を受けていることは明らかである．全国高校野球選手権大会(通称「夏の甲子園」)においては，参加校数が減少の一途を辿っており，2009年の第92回大会から第101回大会までの10年間では，298校少なくなっている（**図5-1**）．この情報だけで「高校生の野球離れ」と結論付けることは安易であるが，野球のように競技を成立させるために比較的人数が必要なスポーツにおいては，少子化の影響を少なからず受けていることが推察される[1]．

原田編［2011］では，スポーツ市場の構造を理解するために，「エリートスポーツ」と「大衆スポーツ」に分け，分類ごとの規模，さらに各分類で関連するカ

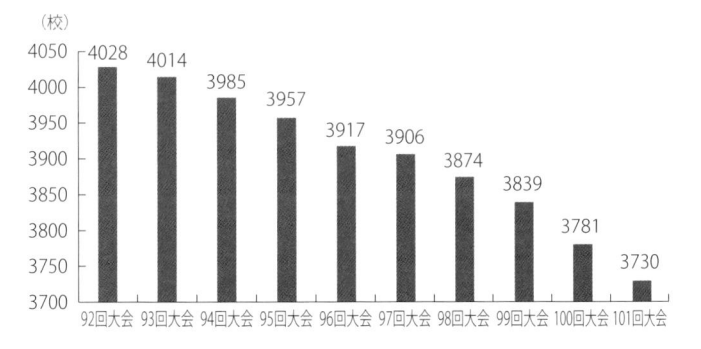

図5-1　全国高校野球選手権大会（夏の甲子園）地方大会参加校数の推移

（出所）公式ホームページを基に筆者作成．

ネの流れについて説明されている．トップアスリートなど少数精鋭の競技者が該当するエリートスポーツでは，有料観客の存在や放映権，スポンサーシップなどカネの流入が活発になることが多いが，大衆スポーツでは，政府補助金などの流入だけでなく，一般の国民が多く参加することから，用具や関連商品の消費に伴うカネの流出が盛んになるという特徴がある．特定のスポーツにおいて競技人口が増えることは，原田編［2011］で示されるピラミッドの面積が拡大するということであり，市場拡大という観点では，競技単位あるいはスポーツ組織ごとにこのピラミッドを大きくすることへのマネジメントが行われてきたといえる．しかしながら，日本では人口減少や少子高齢化など根本的な社会課題を抱えており，同じパイ（市場）を組織間で奪い合うという構図では限界がある．有機的な連携・協働を引き出しながら，スポーツの価値そのものを最大化させ，より大きな市場を開拓していくという考え方［山本・本間 2020］がより重要になるだろう．

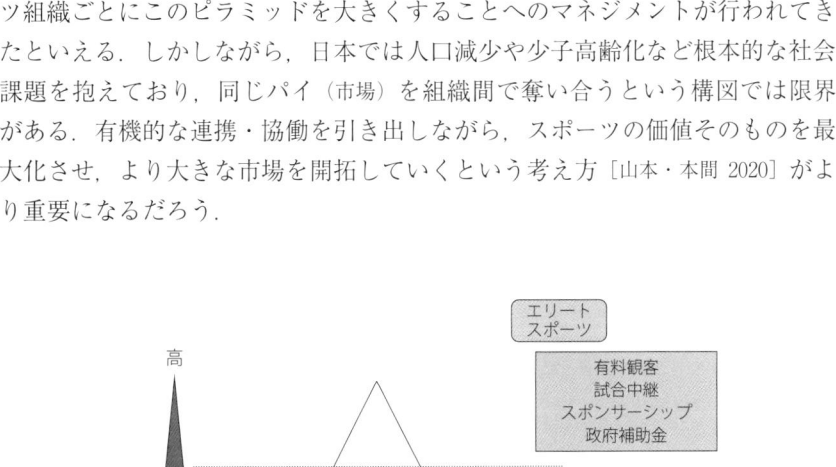
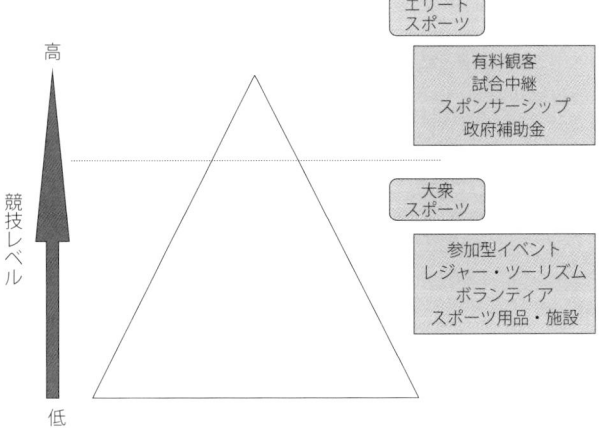

図5-2　スポーツ市場の概念図

（出所）原田［2011］に筆者加筆．

するスポーツの環境の多様性

　スポーツ実施率の向上とともに，主体的なスポーツ活動のための環境整備を目的として総合型地域スポーツクラブの育成も進められてきた．総合型地域スポーツクラブは，住民のライフステージの違いに対応した，主体的なスポーツ活動の場としての機能に加え，「新しい公共」として，地域づくりやコミュニティづくりの核を担うことも期待されている．各市町村に少なくとも１つの総合型クラブが育成されることが政策目標として掲げられ，その数は15年ほどで飛躍的に増加した．スポーツ庁が示す資料によれば，平成14年に541であった総合型地域スポーツクラブの数は，平成29年度には3580まで増加している[2)]．学校部活動における教員の負担の問題や，あるいは１つの学校だけでは子どもが集まらないといった課題に対して，このような総合型クラブの存在が補完的に機能することが望ましい．

するスポーツのコンテンツの多様性

　スポーツの普及振興に各組織が取り組む中で，野球，サッカー，バスケットボールなどこれまで一般に行われてきたスポーツ競技から派生して，様々な新しいコンテンツが生み出されている．2016年４月に設立された世界ゆるスポーツ協会では，「年齢，性別，運動神経に関わらず，誰もが楽しめるスポーツ」という理念に基づいて，新たなスポーツ競技の開発やスポーツ環境の整備に取り組んでいる．「イモムシラグビー」や「スポーツかるた」といった34の新競技を考案し，老若男女問わず，人々がより気軽にスポーツに触れることができる機会を創出する活動を手掛けている．さらに，誰でも気軽に楽しむことができる競技特性や競技の豊富さを活かした高齢者向けのヘルスケアプロジェクトを立ち上げており，スポーツ活動の普及のみならず，超高齢化社会におけるヘルスケアの一助となる活動にも力を入れている．

　また2015年に設立された超人スポーツ協会では，「人間の身体能力を補綴・拡張する人間拡張工学に基づき，人の身体能力を超える力を身につける」，あるいは「年齢や障碍などの身体差により生じる人と人のバリアを超える」といった理念に則り，スポーツとテクノロジーの融合によって楽しむことができるコ

ンテンツの開発に取り組んでいる．メリープ（meleap）社が開発した「HADO」は，AR技術を活用して創出されたこれまでにない新しいスポーツコンテンツである．競技者はヘッドマウントディスプレイとアームセンサーを装着することで，実際に身体を動かしながら技を繰り出し，対戦相手と勝敗を競う．装着したヘッドマウントディスプレイ越しにAR技術で創り出された映像が映し出されており，競技者や観戦者はその映像を含めたコンテンツを享受することができる．

　さらに，近年eスポーツの分野が急速に発展している．eスポーツとは，エレクトロニック・スポーツ（electronic sports）の略称であり，日本eスポーツ連合は，「広義には，電子機器を用いて行う娯楽，競技，スポーツ全般を指す言葉であり，コンピューターゲーム，ビデオゲームを使った対戦をスポーツ競技として捉える際の名称」と定義している．世界中で愛好者がいるとされ，競技人口は正確に把握されていないものの，数千万人とも1億人以上とも言われている．

　するスポーツの関わり方は，競技性を高め，エリートスポーツをヒエラルキーの頂点とする競技志向的な方向のみならず，楽しさの追求，ストレスの発散，あるいはスポーツをすることによる健康維持・増進の副次的効果を期待しての関わり方など多様性に富んでいる．いずれも，「スポーツをすることに何を求めているか」というヒトが抱く潜在的なニーズあるいはウォンツによって方向づけられるものであって，スポーツそのものが多様な価値を提供するコンテンツであるからこそ，様々な関わり方が許容されている．

するスポーツとテクノロジー

　先に紹介した超人スポーツ協会の事例とは別に，するスポーツにおいては，スポーツ活動をサポートする，あるいはパフォーマンスの向上をサポートするという分野で，テクノロジーの進歩による恩恵を少なからず受けている．オーストラリアのカタパルト（Catapult）社が開発したオプティムアイS5は，競技中に胸部にサポーターのようなものを装着し，その中にGPSや加速度センサーなどを搭載した小型デバイスを忍ばせることで，装着した選手のパフォーマンスを計測することができる．欧州サッカーやNBA，NFLなど，既に世界中のプロスポーツで導入が進んでおり，このデバイスによって，走行距離，スピードといったデータが蓄積される．このデータを用いた分析によって選手やチームのパフォーマンス向上に役立てることができるだけでなく，選手のパフォーマ

ンスがリアルタイムで数値化されるため，選手の疲労などコンディションの変化にも気付きやすくなり，ケガの予防にも一役買っている．FIFA（国際サッカー連盟）が正式に試合中の装着を許可したのは2015年のことで，Ｊリーグでは翌2016年より，試合中のデバイスの装着が許された．今ではプロスポーツ現場だけでなく，学生スポーツや社会人スポーツなどにおいても活用事例が見受けられるようになっている．するスポーツにおけるこうしたテクノロジーの活用は，スポーツ技術の向上や身体能力の向上など多くの効果をもたらし，また競技者だけでなく指導者にとっても，従来のトレーニング方法を改良するための材料として非常に有効である．

　アスリートのみならず一般人のスポーツ活動においても，ウェアラブル端末による活動量の把握が手軽に行えるようになっている．フィットビット（Fitbit）社が開発したウェアラブルデバイスであるFitbitは，手首などに装着することで心拍数や活動量などのデータを測定することができ，ジョギングやウォーキングといった日々の運動習慣の中でも簡単に自分の体力データを管理することができる．またスポーツ活動時だけではなく，日常的に活動量を測定することによって，自己管理として生活習慣病の予防にデータを役立てることができる．Fitbitのようなウェアラブルデバイスには参入企業が多く，アメリカのガーミン（GARMIN）社，日系企業ではSONYやタニタ，オムロンなども，ウェアラブル端末の開発に力を入れている．ウェアラブル端末の利用は，データを活用したスポーツライフという側面のみならず，公衆衛生の観点からも画期的である．2018年6月に行われた厚生労働省とスポーツ庁の連携会議では，国民の健康寿命をのばすための「スマート・ライフ・プロジェクト」が掲げられ，一人ひとりがスポーツ活動を通じて健康意識を高くすることによって，より豊かなスポーツライフの実現に結びつくということを改めて重要視している．このようなテクノロジーのサポートによって，するスポーツを取り巻くライフスタイルは今後も変化を続けていくだろう．

注）
　1）日本高等学校野球連盟公式ホームページ（http://www.jhbf.or.jp/sensyuken/
　　　spectators/. 2020年12月1日閲覧）.
　2）スポーツ庁「総合型地域スポーツクラブ育成状況推移（H14〜29）」（http://www.
　　　mext.go.jp/sports/b_menu/sports/mcatetop05/list/detail/__icsFiles/afieldfi

le/2017/12/28/1399744_03.pdf, 2020年12月1日閲覧).

参考文献

笹川スポーツ財団［2017］『スポーツ白書 2017』笹川スポーツ財団.

原田宗彦編［2011］『スポーツ産業論 第5版』杏林書院.

山本悦史・本間崇教［2020］「同一地域を拠点とするプロスポーツ組織の市場分析——新潟県内のプロサッカークラブ・プロ野球球団を対象として——」『新潟県体育学研究』38.

資料

スポーツ庁［2017］「第二期スポーツ基本計画について（答申）」(https://www.mext.go.jp/sports/b_menu/shingi/001_index/gaiyou/1382785.htm, 2021年4月8日閲覧).

6 *sports management : the beginning* ◉
みるスポーツのマネジメント

▰ *1.* スポーツ観戦市場の概観 ◢

スポーツ観戦市場の規模

『レジャー白書2018』［日本生産性本部 2018］によれば，2017年度の日本国内におけるスポーツ観戦の市場規模は1620億円と推計されており，1320億円であった2011年から段階的に規模が拡大している．また推定参加人口は1370万人で，これも2016年度の1340万人から増加している．三菱UFJリサーチ＆コンサルティングと，マクロミルが共同で行った「2019年スポーツマーケティング基礎調査」によると，スポーツ観戦一回あたりの支出額は1万185円，年間総額では4万6509円で，前年の同調査と比較すると，一回あたりの支出額は10％，年間総額においては21％増えていることが分かった[1]．この支出額には，チケット代のほかに交通費や飲食費なども含まれているが，チケット代の価格も平均すると上昇しているという結果であった．2019年といえばラグビーワールドカップが日本で開催された年であったが，メガスポーツイベントが開催されたことによる調査結果への影響はあるだろう．ただし，これらの数字はテレビ観戦を含めないため，テレビ観戦を含むと観戦人口はさらに多いと考えられる．

加えて，現在ではインターネットを介したスポーツ観戦やパブリック・ビューイングなど，スポーツ観戦市場を構成するコンテンツがより充実している．この多様な観戦コンテンツについては，後ほど触れることにしたい．

具体的なスポーツ観戦のコンテンツとしては，プロスポーツからアマチュアスポーツまで幅広く，その需要も様々である．『スポーツライフ・データ2016』［笹川スポーツ財団 2016］によると，もっとも観戦人口が多いのはプロ野球（NPB）で，推計観戦人口は1658万人であった．次いで多いのは高校野球であり，推計観戦人口は585万人であった．さらにJリーグ（563万人），マラソン・駅伝（415

万人）と続いた.

新興プロリーグの誕生

2017年に，それまで国内に2つのプロリーグが存在している状態であったバスケットボールにおいて，新たなプロバスケットボールリーグ「Bリーグ」が開幕した．Bリーグは開幕当初からデジタルマーケティングを展開し，若い世代を中心に着実にファンを増やしている．リーグ開幕年の2016－17シーズンは223万8359人の総入場者数であったが，翌2017－18シーズンは250万2931人に増加した．SNSのフォロワーの伸びもよく，継続的にコンテンツの魅力を高め，リーグのブランディングに努めている[2]．また2018年には，国内初めてとなる卓球のプロリーグ「Tリーグ」が開幕し，男子の開幕戦には5624人，女子の開幕戦には4572人の観客が訪れた[3]．このように，近年では新たなプロスポーツコンテンツが誕生し，スポーツ観戦市場がさらに拡がりを見せている．プロリーグの充実は，みるスポーツのコンテンツを提供してくれることはもちろんのこと，アスリートの活躍の場が増えるということでもある．各スポーツ組織がマーケティング努力によってマネタイズ能力を高めることは，するスポーツ，みるスポーツといった枠組みを包括してスポーツ産業の拡大に不可欠である．

◥ *2.* スポーツ観戦者の心理 ◤

観戦動機

そもそもなぜヒトはスポーツを観戦するのか，あるいは何を求めて観戦するのかといった問いに対して，ヒトは潜在的に観戦動機を抱いており，それぞれの動機によって観戦行動が誘発されていると捉えることができる．観戦動機については，すでに様々な研究成果が報告されており，Wann［1995］はストレスに関する概念を用い，ヒトはスポーツ観戦によって得られる様々な精神的刺激を快感と捉え，その快感を求めて観戦すると指摘した．加えて，スポーツ観戦を通してギャンブル性を楽しむことも動機の一要因となっていることを明らかにした．Trail and James［2001］は，Wann［1995］の研究を援用し，家族との交流や試合のドラマ性を楽しむことなどのより一般的な観戦動機を含む尺度としてMSSC（The Motivation Scale for Sport Consumption）を提唱した．またこの研究を基に，松岡ほか［2002］によってプロスポーツの観戦動機を測定する日本

語版の尺度が開発されている．他にもより実証的な研究として，仲澤ほか[2000]は，Jリーグの観戦者を対象に，観戦動機などの心理的な特徴は性別によって異なることを明らかにし，高田ほか[2008]は，国内の球技系トップリーグ観戦者を観戦動機の特徴ごとにセグメント化し，ターゲットマーケットを設定する試みを行っている．一方，女性スポーツの観戦者に焦点を当て，他のスポーツ観戦の場合とは異なる「女性スポーツの支援」という特有の動機要因が存在することを解明した研究もみられる[Funk et al. 2002]．James and Ross [2004]は，観戦動機の特徴について，多競技での比較を試みた．また，「攻撃性」という観戦動機は，格闘技などの特定の種目に特化して存在するとされ[Kim et al. 2009]，国際大会などの国家間の試合では，自国に対する自尊心が観戦動機になり得ることが証明された[Funk et al. 2002]．このように，ヒトがスポーツをみる際には多くの動機が存在し，それは種目や競技レベル，観戦者の特性などによって少しずつ異なるということがわかっている．

スポーツ観戦とソーシャルメディア

　情報の発信者と受信者が繋がっているソーシャルメディアの登場によって，ヒトのコミュニケーションは物理環境をより軽々と超えることになった．これまでも電話やメールなどの通信手段によって，物理的に遠く離れた人とのコミュニケーション手段は用意されていたものの，インターネット上のコミュニケーションを基本とするソーシャルメディアでは，さらに全世界同時多発的なコミュニケーションが可能となった．特に，ソーシャル・ネットワーキング・サービス（SNS）が普及したことによって，個人間のコミュニケーションにおける様々な垣根が取り払われた．具体例として，スポーツ選手やファンといった関係の人々の間でも，SNSを通じて自由にコミュニケーションをとることが可能になった．現在，世界中で多くのトップアスリートがSNSアカウントを所有しており，ファンに直接メッセージを伝える手段として活用している．またファンは，それらトップアスリートの個人アカウントをフォローすることで，選手の私生活を垣間見ることができたり，ロッカールームなど関係者しか立ち入れないような場所で撮影された写真などを，選手本人を通じて見たりすることができる．ファンは選手に直接メッセージを送ることもでき，選手から直接返信が来る可能性もあるため，選手との距離が縮まったような気持ちになる．若い世代でよく利用されているインスタグラム（Instagram）では，写真や動画を

メインにしたコミュニケーションが可能であるが，プロサッカー選手の長谷部誠はロシアのワールドカップ終了後に，自身のInstagramアカウントから直接，代表引退を表明している．このコミュニケーションは，各種メディアにその意向を伝える前に行われたため，本人のフォロワーは，本人から直接，真っ先に情報を伝えられたということである．SNSにおけるアスリートへの関心度は非常に高く，クリスティアーノ・ロナウドのInstagramアカウントには2億5000万人を超えるフォロワーが，レブロン・ジェームスのInstagramアカウントには7800万人以上のフォロワーが存在する（2020年12月1日現在）．このようなSNSを通じたファンとのコミュニケーションによって，クラブやアスリートはこれまでにないファンエンゲージメント・マネジメントを推し進めることができる．SNSでのコミュニケーションでエンゲージメントが高まれば，「次はスタジアムに行けば直接会える」というフローができるため，ファンはより観戦を心待ちにする，という循環が期待される．

　またソーシャルメディアでは，すべての個人が情報の発信者になり得るため，スポーツ観戦においてSNS上でメディアよりも先に試合の速報や選手からの情報が伝えられるといったケースが少なくない．2018年にロシアで開催されたサッカーワールドカップや，2019年のラグビーワールドカップにおいても，Twitter上で多くのファンが試合速報やプレーに対する一喜一憂をツイート（投稿）していた．さらにそのTL（タイムライン）上での盛り上がりの様子を，テレビなどのマスメディアが報道するということも，今日では珍しくないだろう．全国高校野球選手権大会では，朝日新聞社と朝日放送テレビが共同で「バーチャル高校野球」というSNSコンテンツを2015年より提供している．このコンテンツは，インターネット上で甲子園大会の全試合を実況ライブストリーミング配信すると同時に，応援ツイートが中継画面の横に常にスクロールされる機能を備えている．このコンテンツによって，試合を見ながらリアルタイムで様々な高校野球ファンのコミュニケーションが展開され，まさにバーチャル空間の球場内で観客同士が会話しているかのような状況が創り出されている．このように，ソーシャルメディアはスポーツ観戦との親和性が高く，コミュニケーションを活発化するツールとして利用されている傾向にあることがうかがえる．

3. より多様なスポーツ観戦市場

スポーツ基本計画において，社会の繋がりを強化する役割をスポーツが担うことの重要性が述べられ，また総合型クラブにおいても「新しい公共」としての役割が期待されている．これはするスポーツの場面だけでなく，みるスポーツの場面においても期待されることであり，スポーツ観戦というきっかけを通じて集い，交流した者同士がコミュニティを形成しながら楽しく生活を送るというストーリーは，スポーツを通じた豊かな生活の一要素といえる．Chelladurai［1994］はスポーツ観戦会場，すなわちスタジアムやアリーナでの人々の交流や一体感を感じられるような経験は，つながりの希薄な現代社会においてスタジアムをサードプレイス（第３の場所）として機能させることにつながるということを指摘している．しかし近年では，スタジアムでの直接の観戦でも，テレビ観戦でもないスポーツ観戦の方法が整備され，浸透しつつある．１つは,「OTT（Over The Top）サービス」によるスポーツ観戦，もう１つは「パブリック・ビューイング」でのスポーツ観戦である．

OTTの台頭

OTTサービスは，インターネット技術の革新が進み，オンライン上で大量のデータを送受信できるようになったことで誕生したサービスである．インターネット・サービス・プロバイダ（ISP）や通信事業者とは異なる事業者によって，音声や動画などのコンテンツ・サービスが提供される．代表的なコンテンツ提供元として，HuluやNetflixなどが挙げられる．これらの事業者はインターネット経由でコンテンツを提供するため，テレビなどの固定家電を必要とせず，利用者はPCやスマートフォンなどの持ち運びができるデジタル端末を用いて，コンテンツを「いつでも」,「どこでも」楽しむことができる．2016年に，イギリスを拠点とするパフォーム・グループのスポーツ専門コンテンツである「DAZN」（ダゾーン）が，Vリーグ（日本バレーボールリーグ機構）の試合中継をスタートさせ，さらに，Ｊリーグとの間に10年間約2100億円の契約を交わし，翌2017年シーズンからリーグ戦全試合の中継が始まった．DAZNではその後もコンテンツが拡大しており，NPBやＢリーグ，ラグビートップリーグの試合なども配信されている．OTTサービスは概ねサブスクリプション契約で，利用者は

定額を支払えば何試合でも視聴が可能である.

パブリック・ビューイング

　パブリック・ビューイングとは，一般的に試合会場でない別の会場にてスポーツ中継を放映し，そこに集客して大勢で観戦する形態をとるものを指して使われる言葉であるが，概念的には戦後の「街頭テレビ」もこれに当てはまるかもしれない．しかしながら，近年では別会場で試合映像を投影するだけでなく，最新技術を駆使して単体として魅力的なコンテンツに磨き上げられたパブリック・ビューイングが行われ始めている．Bリーグは，2018シーズンのオールスターゲームにて「次世代型ライブビューイング」として，AR技術や最新映像・音響技術を駆使した試合中継を行うイベントを開催した．試合会場に無数のマイクを設置し，リアルタイムでライブビューイング会場に伝送することで，試合会場の音をそのまま体感しているかのような臨場感の中で観戦することができたり，ライブビューイング会場だけのパフォーマンスでさらに会場を盛り上げたりと，従来のパブリック・ビューイングに魅力的な付加価値を付けたコンテンツは，500枚の有料チケットが早々に完売する人気となった．映像技術・音響技術の進歩による新たな観戦価値の創出は今後も期待される分野であり，関連技術として，スマートゴーグルなどのウェアラブルデバイスやタブレットなどのモバイル端末との連携によるビッグデータを活用したサービスの拡充もますます進むだろう．

注）

1）「【速報】2018年スポーマーケティング基礎調査」（https://www.murc.jp/wp-content/uploads/2018/10/press_181029.pdf，2020年12月1日閲覧），「【速報】2019年スポーマーケティング基礎調査」（https://www.murc.jp/wp-content/uploads/2019/10/news_release_191011.pdf，2020年12月1日閲覧）．

2）Bリーグ公式ホームページ（https://www.bleague.jp/news_detail/id=16303，https://www.bleague.jp/news_detail/id=35217，2020年12月1日閲覧）．

3）「スポーツブル」（https://sportsbull.jp/p/413502/，2020年12月1日閲覧）．

参考文献

笹川スポーツ財団［2016］「スポーツライフ・データ 2016」．

高田一慶・原田宗彦・備前嘉文［2008］「わが国の球技系トップリーグ観戦者に関する研

究——クラスター分析を用いた観戦者の分類——」『スポーツ産業学研究』18（1）.

仲澤眞・平川澄子・Dan Mahony・Mary Hums・戸苅次郎・中塚義実［2000］「Ｊリーグの女性観戦者に関する研究」『スポーツ産業学研究』10.

日本生産性本部［2018］「レジャー白書2018」.

松岡宏高・藤本淳也・J. D. James［2002］「プロスポーツの観戦動機に関する研究Ⅰ」『日本体育学会大会号』53.

Chelladurai, P.［1994］"Sport management : defining the field," *European Journal for Sport Management*, 1.

Funk, D. C., Mahony, D. F. and Ridinger, L. L.［2002］"Characterizing consumer motivation as individual difference factors : augmenting the sport interest inventory (SII) to explain level of spectator support," *Sport Marketing Quarterly*, 11.

James, J. D. and Ross, S. D.［2004］"Comparing sport consumer motivations across multiple sports." *Sport Marketing Quarterly*, 13.

Kim, S., Andrew, D. P. S. and Greenwell, T. C.［2009］"An analysis of spectator motives and media consumption behavior in an individual combat sport : cross-national differences between American and South Korean Mixed Martial Arts fans," *International Journal of Sports Marketing and Sponsorship*, 10.

Trail, G. T. and James, J. D.［2001］"The motivation scale for sport consumption : assessment of the scale's psychometric properties," *Journal of Sport Behavior*, 24.

Wann, D. L.［1995］"Preliminary validation of the sport fan motivation scale," *Journal of Sport and Social Issues*, 19. 59.

7 sports management : the beginning ◉
スポーツ情報リテラシー ①入門編
──実社会で活躍できるビジネスパーソンの基礎づくり──

▶ **はじめに** ◀

　ポスト・コロナ時代の社会では，間違いなく，デジタル化が加速する．コロナ禍において，筆者も2020年度の授業は全部，オンラインで実施した．ゼミだけは対面．大学教育の持ち味は討論による熟議にある．対面で熟議を促し，オンラインで熟慮を促した．

　ところで，ゼミのある4年生の学生から，「デジタル化って何ですか？」と聞かれた．巷には難解なカタカナ表記が氾濫している．デジタル化とは，日本印刷技術協会［2019］によると，アナログデータをデジタルデータに変換することである．つまり人間のやっていたことをコンピュータでできるようにすることなのだ．

　例えば，はがきによる手紙を電子メールで送るといったことをいう．難しい漢字でもメールで打てば自動で変換してくれる．日本から，地球の裏側のブラジルでも，あっという間に飛んでいく．こうやってデジタル化によって効率化を図る．ビジネスをデジタルデータによって変革し，新しい価値を創出することだろう．

　デジタル（digital）の語源はラテン語の「指（digitus）」である．指で数える，飛び飛びに数える，プロセスを簡単にする，コンピュータでいえば「0」と「1」の組み合わせに変換する，そういったことだ．

　現実世界の出来事はアナログとして，これをコンピュータで扱えるデジタルデータに変換する．この一連の仕組みを「IoT」（Internet of things, モノのインターネット）と呼ぶ．つまりデジタル化とは，現実世界のものごとをコンピュータで扱えるカタチに置き換えることをいう．何のため？　それは価値の創出，拡大のためである．

加えて，頻繁に耳にするIT（Information Technology）とは情報技術の意味で，情報を取得，加工，保存，伝送するための科学技術のことを指す．つまりスポーツ情報リテラシーの軸の１つ，ITリテラシーとは，コンピュータやインターネットをうまく活用し，効率よく業務を進める能力をいう．

1. スポーツ情報リテラシーとは

ヒト，モノ，カネ，そしてジョウホウ

　そもそも「**情報（information）**」って何だ．『広辞苑　第六版』をひくと，「① あることがらについてのしらせ ② 判断を下したり行動を起こしたりするために必要な，種々の媒体を介しての知識」とある．この場合の媒体が主にメディアということになる．メディアの世界で生きてきた筆者はこの情報と格闘してきた．同時に情報をリスペクトしてきた．インターネット全盛の時代，ネットには情報が氾濫している．スポーツマネジメントの観点から言えば，ビジネスパーソンがいかに他者に対して競争力を身に付けることができるのか，そのカギを情報が握ることになる．国際社会を勝ち抜くために，情報収集を行い，そこから時代の潮流を読み解いていく．

　時には歴史から未来を知る情報を得ることもある．時には人づてに役に立つ情報を得ることもある．その情報を基に会社が進むべき方向性を示し，戦略立案を手掛ける．経営管理の基本は「ヒト・モノ・カネ」といわれてきた．つまり，人事の「ヒト」，販売の「モノ」，財務の「カネ」である．でも，この情報化の時代，広報・情報調査の「ジョウホウ」を加えたい．「ヒト・モノ・カネ・ジョウホウ」，この４つの柱を上手く絡ませることで，質の高い経営を実現させることができる（**図7-1**）．

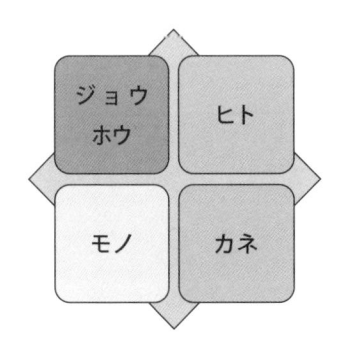

図7-1　経営管理の基本概念
（出所）筆者作成．

メディア・リテラシーとITリテラシー

それではスポーツ情報リテラシーって何だろう.

リテラシー（literacy）の意味は「読み書きの能力」である. 翻って,「特定の分野の知識」を指すようになった. 情報リテラシー（information literacy）とは巷にあふれる様々な情報を使いこなす能力をいう. だから, スポーツ情報リテラシーとは簡単に言えば, スポーツに関する出来事や情報を的確に読み取り, 正しく伝える能力というわけだ.

この情報リテラシーを磨くためには, 常に「WHY？」と考える癖をつけるのが一番いい. 優秀なビジネスパーソンとは, どれだけ疑問や問題意識を持てるかだ.

リテラシーは通常, ○○○リテラシーといった使われ方をする. ここでは, 情報リテラシーとは「**メディア・リテラシー**」と「**ITリテラシー**」が重なった部分のエリアと理解する（**図7-2**）.

メディア・リテラシーは「情報を理解する能力」「発信する能力」「評価・識別する能力」「批判的に読み取る能力」から成り立ち, **ITリテラシー**とは「パソコンの基礎的な知識や技術」「パソコンの基本的な操作方法」「データの処理方法」を意味する.

情報で言えば, 2020年の米国大統領選挙では「フェイクニュース」なるものがインターネット上にあふれた. トランプ大統領は米メディアにおける自身に不都合な情報をフェイクニュースと断じ, 自身はツイッターに事実とは違うフェイクニュースをかき立て, 米国民をあおり立てた. どれがファクト（事実）で, どれが偽情報なのか. SNS（Social Networking Service＝ソーシャル・ネットワーキング・サービス）では「ネット・リテラシー」も求められることになる.

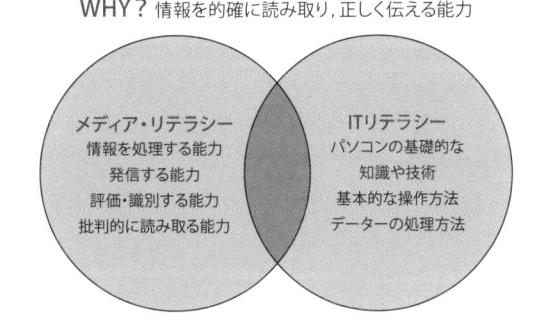

情報リテラシー

WHY？ 情報を的確に読み取り, 正しく伝える能力

図7-2　情報リテラシーの概念図
（出所）筆者作成.

フェイクニュースに騙されるな

　新型コロナウイルスの感染が広がる中，SNSで拡散されてしまうフェイクニュースが世界各地で問題を起こした．フェイクはウソだ．ウソは厳密に言えば，「誤情報」と「偽情報」に分けて考える必要がある．誤情報は単に間違った情報のことで，誤解や勘違いでも生じ，善意から拡散されてしまうこともある．かたや偽情報は，害を与えるために故意に作られる．大統領選挙では大規模な不正が行われた，とトランプ大統領は発信し続けた．ファクト（事実）なき情報は単なる偽情報といっていい．

　メディア業界では，フェイクニュースを誤報という．誤情報と偽情報に分けてはいない．「デマ」は偽情報で，ウソと分かっている情報を指す．悪意が潜む．流言は根拠のないウワサ，根も葉もないウソを指す．ほとんど悪意はない．「ガセネタ」もこれに近い．「法螺（ホラ）」はウソだとわかっている情報ながら，これも悪意はなかろう．

　やっかいなのは，悪意のある偽情報である．いわゆる，デマである．これは，米大統領選や新型コロナ禍，災害などの非常時に人の心に入り込み，拡散されやすい．つまり，人々が疑心暗鬼の時だろう．疑心暗鬼とは"疑心，暗鬼を生ず"で，「疑心が起こると，ありもしない鬼の姿が見えるように何でもないことまで恐ろしくなる」状況である．

　新型コロナ禍における，「コロナはお湯で治る」「納豆が効く」「トイレットペーパーが不足している」「コロナ感染者が立ち寄った店はここ」などだ．

　この類のデマが広がる理由は，① 重要であること，② あいまいであること，③ 不安，④ インターネット，である．人間心理として，① 情報欲求の高まり，② 伝達欲求の高まり，③ 不安感情の正当化，④ 興奮状態によるチェック不足——の場合に起こりうる．

　少し古い話になるが，2016年4月の熊本地震の際，ツイッターで「ライオンが逃げた」というデマが広がった．画像と一緒に，＜おいふざけんな　地震のせいでうちの近くの動物園からライオンが放たれたんだが　熊本＞とツイートされた．投稿は1時間で約2万件，リツイート（転送）されたという[1]．このデマを流した20歳の会社員男性は熊本県警に偽計業務妨害で逮捕され，実名で報道された．ここで知っておいてほしいのは，匿名のツイッターでも，発信者を特定することは可能だということ．当たり前だが，デマは流さない，無責任にリツイートしない，これが大事である．

ここで問題．巷にあふれる情報の真偽を見極めるためにはどうすればいいのか．

　ひと言でいえば，「情報リテラシーを高める」ことだ．基本として，「すべての情報を疑い，自分で一から調べ直す」ことである．無論，それは極めて難しい．だから，まずは自身が正しい知識を身に付けておく，あるいはネタ元を確認する．立場の違う複数の情報源にあたり，それぞれがどう伝えているかを比較，検討する．筆者はビッグニュースが起きると，その翌朝，全国紙，スポーツ新聞をコンビニエンスストアでほとんど購入し，それぞれの新聞の記事を読み比べている．これはオモシロい．

　海外のニュース，情報ならば，できるだけ当該国のメディア情報にあたる．SNSの投稿についても同様で，複数の情報源を見つけ，比較する．むやみにリツイートはしない．SNS拡散は慎重に慎重を期す．デマをリツイートすれば，その人も同罪となる危険性がある．ポイントは，アンテナを張って，多くの情報をキャッチし，吟味することである．

Ｐ・Ｄ・Ｍ・Ｃ・Ａサイクル

　それにしても，2020年は新型コロナウイルスに振り回された１年であった．スポーツ界も打撃を受け，プロ野球の開幕が約３カ月遅れたほか，高校野球の選抜大会，夏の選手権大会，全国高校総体（インターハイ）が軒並み中止され，サッカーＪリーグ，ラグビートップリーグなども一時中断された．

　新型コロナ対策に伴う，スケジュール変更に関する情報は錯綜した．中止，中断の決定過程がすべてデュープロセス（正当な手続き）を経ていたのか，安全に関わるエビデンス（証拠）に基づいて説明はなされたのか．試合実施や無観客，観客制限における判断において，Ｊリーグはアカウンタビリティ（説明責任）を果たしていた．

　６月，Ｊリーグはリーグ再開を前に全選手らに定期的にPCR検査をすることを決め，発表した．いち早く安全確保のガイドラインを作成し，状況が変わるたび，体制見直しにつとめた．Ｊリーグの村井満チェアマン（日本プロサッカーリーグ理事長）はかつて，リクルート役員として活躍したビジネスパーソンである．

　筆者は何度か村井チェアマンのセミナーに参加したことがある．何事もサッカーの鉄則同様，「攻撃は楽観的に，守備は心配性なくらい慎重に」という．「リーダーは意思決定が大事．ぶれない判断軸を持て」．判断に際しては，「優先順位

図7-3　村井満チェアマンのPDMCAサイクル
（出所）筆者作成.

を決めること」を心掛ける.

　村井チェアマンの言葉で心に刺さったのが,「**PDMCAサイクル**」である. 本来, セルフマネジメントメソッドとして, ビジネスパーソンにはおなじみの「PDCAサイクル」という手法がある. これは「Plan（計画）」「Do（実行）」「Check（評価）」「Action（実行）」の頭文字をとったもので, このサイクルをぐるぐる回して継続的なビジネスの改善を促すものである. ただスポーツにもビジネスにも「Miss（失敗）」は付きものだとし,「PDMCAサイクル」を創り出した. ダイナミックな改革の時には, 失敗を恐れない行動も大事であると言いたかったのである（**図7-3**）.

オリンピックの在り方を考える好機

　すったもんだした揚げ句, 2020年3月下旬, 2020東京オリンピック・パラリンピックは1年, 延期されることになった. 安倍晋三首相（当時）と国際オリンピック委員会（IOC）のトーマス・バッハ会長が電話で協議したもので, IOC臨時理事会でも承認された. 1896年に始まった近代五輪史上, 延期は初めてのこととなった.

　オリンピックは数々の困難を乗り越えて, その価値を高めてきた. 過去, 夏は3度（1916年ベルリン, 40年ヘルシンキ＝東京返上による代替地, 44年ロンドン）, 冬には2度（40年札幌, 44年コルティナダンペッツォ）の計5度, 戦争のため中止となっている.

　加えて, 戦争以外にも開催を脅かす出来事はある. 地震などの自然災害, あるいは新型コロナのような疫病. 1918年から20年にかけてスペイン風邪（インフルエンザ）が世界中で大流行し, 死者は5000万人にのぼったが, 1920年アントワープ大会（ベルギー）は第一次世界大戦敗戦国のドイツなどを除外して実施された.

我々は歴史から情報を収集する．2021年1月，日本オリンピックミュージアムで，そのアントワープ五輪の記念展が開催されていると聞くと，記念展をのぞき，当時の時代背景や情報を集めた．『復興と再生の挑戦』とのタイトルの意味するところは何なのか．

　1年延期となった東京五輪・パラリンピックに対する，いろんな人の発言がメディアには流れた．バッハ・IOC会長は「結束を強め危機に打ち勝つ」と言い，山下泰裕・日本オリンピック委員会（JOC）会長も「スポーツとオリンピックで日本と世界を元気に」とアピールした．オリンピックで7つのメダルを獲得した体操の内村航平選手は2020年11月の国際大会の最終日，「大会開催に向けて，みんなで考えたらどうだ」といったメッセージを発した．「できない」ではなく，「やる」方法を模索してほしい，と．

　東京五輪・パラリンピック組織委員会は大会の延期決定後，IOCと52項目（約300億円）の簡素化で合意した．また事実として，朝日新聞や読売新聞，毎日新聞，日本経済新聞のメディア4社が東京五輪パラリンピック組織委員会の国内スポンサー（オフィシャルパートナー）であることを知っておく必要がある．メディアが，利害関係が生じる大会組織委員会のスポンサーとなるのは五輪の歴史で異例のことである．

　オリンピック大会は政治や経済に取り込まれ過ぎている．オリンピックは政治，オリンピックは経済と言ってもいい．オリンピック開催の意義は，「国際平和建設に寄与すること」である．スポーツ情報リテラシーとして見るならば，色々な情報を集め，論議し，考え，オリンピック大会の開催の在り方を問い直す良き機会なのである．

▼ *2.* パソコンとウィズ・コロナ時代の情報リテラシー ◣

コンピュータとは

　「コンピュータ（computer）」とは，『広辞苑　第六版』によると，「計算機．主に電子計算機」とある．「複雑な計算」や「情報処理」の自動機械だ．元来，人は暗算以外の計算は，計算尺やソロバンなどの器具を使って手動操作で行っていた．

　だが，手間を省くため，大がかりな計算を機械により自動で処理するようになった．最初のコンピュータは何かというと，諸説あるが，1946年に米国で

製作された電子式汎用コンピュータ，「ENIAC」(Electronic Numerical Integrator and Computer) といわれている．銃の弾道を計算するための軍事目的で誕生したもので，エレクトロニクスの高性能と複雑な問題を解くためにプログラミング可能な能力を初めて持った計算機だった．

　30トンの重量のある巨大マシンで，1万8000個以上の真空管を使い，全長は30メートルにおよんだとされる．その後，コンピュータの高機能化，高速化，低価格化，大容量化，軽量化が進められていく．その進化の過程で，「パーソナル・コンピュータ」(personal computer)，いわゆる「パソコン」が誕生した．個人で利用することを想定したコンパクトサイズの個人用コンピュータをいう．この登場が，一般の人が触れることがなかったコンピュータを身近なものにしたのだった．

　パソコンには，主に4つのタイプがある．大きなデスクトップ型と比較的小さなノート型，書籍のようなタブレット端末，携帯電話のスマートフォン仕様だ．さらに，より小さな「メガネ型」や「腕時計型」も出てきた．

　パソコンの歴史をたどる時，我々が知っておかないといけないのは，まずは「パソコンの父」と呼ばれるアラン・カーチス・ケイ (Alan Curtis Kay = 米国) のことである．1940年生まれの米国の計算機科学者，教育者，ジャズ演奏家．1968年，アラン・ケイは「ダイナブック (Dynabook)」という万能な情報端末の概念を発表，1972年には「すべての年齢の『子供たち』のためのパーソナル・コンピュータ」という論文を記した．ちなみに，このダイナブックは東芝のノートパソコンの商標とは関係がない．

　アラン・ケイの有名な言葉が「未来を予測する最善の方法は，それを発明することだ」である．また同氏がいうところのコンピュータ・リテラシーとは，パソコンの基礎的な知識や技術，コンピュータを使って課題を解決する能力にとどまらず，自身が楽しみたいメディアを作り出す能力を持つことだと言っている．

スティーブ・ジョブズとビル・ゲイツ

　パソコンを商業的に最初に成功させたのが，米国アップル社の産みの親であるスティーブ・ジョブズと，マイクロソフト社を創業したビル・ゲイツだと言っていい．ジョブズもゲイツも奇しくも同じ1955年に生まれた．この二人の登場は時代の必然だったのだろう．1975年にゲイツがポール・アレンとマイクロソ

フト社を創業し，翌76年にはジョブズがスティーブ・ウォズニアック，ロナルド・ウェインと一緒にアップルコンピュータ・カンパニーを創業した．アップル社は1977年，アップルⅡを売り出し，パーソナル・コンピュータの便利さを世界に認知させた．その後も，若者を魅了したiPodやiPhone，iPadを発売し，新市場を創り出した．

<スティーブ・ジョブズ>

ジョブズは波乱万丈の人生を生き，2011年10月，腎臓腫瘍の転移による呼吸停止により死去した．56歳だった．ジョブズといえば，50歳の時の2005年6月のスタンフォード大学の卒業式でのスピーチが有名である．自身の生い立ちや仕事，ガンの闘病生活などを織り交ぜながら信念を貫くことを話し，最後にこのフレーズで締めくくった．

　　"Stay hungry, Stay foolish"

「ハングリーであれ，愚か者であれ」とよく，訳される．hungryは「渇望せよ」という意味だ．現状に満足するな，未来を渇望し，夢を追い求めよ，といったことだろう．foolishは，不器用でもいい，愚直でもいい，まっすぐに生きよ，といった意味だろう．時には変人と言われながらも，ビジネスパーソンとして成功を収めたジョブズの生き様はまた，若者に「自分の信じた道を歩む尊さ」を伝えているのだ．

<ビル・ゲイツ>

マイクロソフトの創業者がビル・ゲイツである．世界で使われているパソコンのほとんどがWindows OSで，これを開発した会社がマイクロソフトである．ゲイツはビジネスパーソンとして超一流だ．1994年から2006年まで13年連続の長者番付世界一となった．常に倹約を心掛け，何事もスピードを大事にし，そして未来を見据えているそうだ．好きなエピソードがある．来日した際，マイクロソフトの日本法人のスタッフからファーストクラスの航空券を渡された時，ゲイツはこう言ったという．「日本のマイクロソフトはこんな無駄遣いをする会社なのか．1時間ちょっとのフライトになぜ，そんな無駄な金を使うのか．ファーストクラスでも，エコノミークラスでも，到着する時間は同じだろう」．また，こんな名言もある．「マイクロソフトの行動は非常に迅速だ．我々は

常に顧客のニーズに応じて優先順位を決めている」．これは，ビジネスやマーケティングの基本中の基本，「顧客のニーズ」の重要さを示したものである．有能な経営者は過去から未来を知る．スピードと，その都度，優先度の判断を的確にし，実行する．

　ゲイツはまた，慈善活動家としても知られている．2000年，マイクロソフト社のCEOを譲り，妻のメリンダとともに世界最大の慈善基金団体「ビル&メリンダ・ゲイツ財団」を創設した．「すべての生命の価値は等しい」という信念のもと，途上国のエイズ，マラリア，貧困などに尽力している．同財団は2020年，新型コロナウイルス対策としても，合計で3億ドル以上をワクチン開発会社や対策募金団体などに寄付した（ゲイツは2021年，メリンダと離婚した）．

パソコンのつくりは

　ここでパソコンを取り巻く環境を見てみる．「仕事で役立つパソコン活用講座テキスト」[硲・植田監修 2015：22]などによると，パソコンは次のように説明される．

　パソコンを動かすためには，本体など機械そのものの『ハードウェア』（ハード）と，ハードウェアを動かすプログラムの『ソフトウェア』（ソフト）が必要である．パソコンやタブレット端末などの機器本体は，いわば箱みたいなものだ．

　ソフトウェアには，パソコンを動かす基本のOS（Operating System，オーエス）と，目的の処理を行うことに特化された応用の『アプリケーションソフト』（アプリ）の2種類がある．OSはコンピュータのオペレーション（操作・運用・運転）を司るシステムで，WindowsやMac OSなどの基本ソフトをいう．パソコンが普及するきっかけになったOSといえば，これはもう，1995年のWindows95の出現である．

　即ち，1995年は情報の世界において"明治維新"のようなものである．この年に生活は激変し，仕事の内容，生活のデジタル場面がガラリと変わった．

　アプリケーションソフトは，ハードウェアに指示を与える，用途に応じたプログラムだ．代表的なのが，マイクロソフト社が提供する文書入力ソフトの「Word（ワード）」，表計算ソフトの「Excel（エクセル）」，プレゼンテーション・ソフトの「PowerPoint（パワーポイント）」である（**図7-4**）．

　また，パソコン内部には，装置を制御する「CPU」（Central Processing Unit=中央処理装置）と，データの処理を行う「メモリー」，ファイルなどのデータを

	・パソコンやタブレット端末などの機器本体.
ハードウェア	・プリンタなどの周辺機器も含まれる.
OS(基本ソフトウェア)	・WindowsやMac OSなど, ハードウェアを動かすための基本ソフト.
	・バージョンにより特徴が異なる.
アプリケーションソフト	・応用のソフトウェア. Word, Excel, Internet Explorerなど.
	・ハードウェアに指示を与える, 用途に応じたプログラム.

図7-4　ハードウェアとソフトウェア

(出所) 硲・植田監修［2015：23］より筆者作成.

保管しておく内臓ストレージ（記憶媒体, HDD＝Hard Disk Drive, SSD ＝Solid State Drive）, データを読み書きする「CD/DVD/BD」ドライブが内蔵されている. 厳密にいうと, HD（Hard Disk）は保管箱の中身を指し, HDDは保管箱の中身を動かすものである.

　これはよく, 机で作業する人に例えられる. CPUが人の頭脳で, メモリーは机の作業スペース, HDは資料の整理棚, CDなどは外部のデータといった具合だ. CPUの性能がいいと処理する能力が速くなる. メモリーは数字が大きくなれば作業スペースが「広く」, 少なくなれば「狭く」なる. つまりメモリーの数字によって一度に処理できるデータ量が変わることになる. CPUはパソコンの性能を左右するもので増設できない. メモリーやHDはあとから増設できる.

　加えて, クラウド（Cloud＝雲）サービスというものがある. これは, 主にインターネット経由で提供される様々なサービスを指す. ネットワークを経由して, 雲の中にあるソフトウェアやデータをサービスの形でつかうイメージである. データやアプリケーションソフトをパソコン内部ではなく, インターネット上のコンピュータに保管したままで作業をすることができる.

　クラウドサービスには, クラウドストレージ（storage＝倉庫, オンラインストレージともいう）のほか, ウェブメール, カレンダーなどがある. クラウドストレージはデータ管理の主流となっており, オンライン上にファイルを保存できるよう設計されたサービスなのだ. 例えば, マイクロソフトの「OneDrive」や, アップルの「iCloud」など.

　これだと, インターネットに接続されていれば, どのパソコンからも利用できるメリットがある. また, 容量の大きなデータをどんな相手でも届けやすい

し，万が一に備えてデータのバックアップもできる．クラウドサービス上に共有フォルダーを作成すれば，チームメンバーみんなで大きなファイルを共有できる．使えるビジネスパーソンはほとんど，このクラウドサービス，クラウドストレージを使いこなしている．

　一方，パソコンのスペック（性能）を言う際，一番大事なのはCPUである．インテル製CPUの性能（2021年1月時点）は，Core i9>Core i7>Core i5>Core i3> Pentium > Celeron　となっている．パソコンに高いパフォーマンスを求めるならCore i3以上が必要だろう．

▼ 3.　インターネット　◢

インターネットって何だ？

　インターネット（internet）とは，「仕事で役立つパソコン活用講座」［硲・植田監修 2015：46-47］によると，パソコンをはじめ世界中の情報機器を1つに結び付けるグローバルなネットワーク（地球規模の情報通信網）のことで，電子メールの送受信やホームページの閲覧など，様々な用途で活用されている．

　インターネットという言葉の起源は，一般名詞の「インターネットワーク（internetwork）」だ．本来は「ネットワーク間のネットワーク」や「複数のネットワークを相互接続したネットワーク」を意味する．通常，インターネットに接続するには，インターネット接続事業者（プロバイダー）のサービスを利用して，会社や自宅のネットワークをつなげる必要がある．

　今や，インターネットについて知らない人などいない．世界各地が瞬時にインターネットでつながるようになった．よく，インターネットはハイウェー（高速道路）に例えられる．荷物（情報）を積んだトラックが世界に張り巡らしたハイウェーに乗ってどこにでも飛んでいけるようなものだ．

　インターネット回線の速度でいえば，荷物を積んだトラックが100台あるとして，運搬の際に片側1車線と片側10車線では運ぶスピードが違うといったイメージである．例えば，ニュースを閲覧する時，なかなか次の画面が出てこなくてイライラする時は，インターネット回線の速度を上げれば，時間は短縮され，改善されることになる．

　また「Wi-Fi（Wireless Fidelity）」とは，「IT用語辞典 e-Words」によると，「電波 を用いた 無線通信 により近くにある機器間を相互に接続し，構内ネット

ワーク（LAN）を構築する技術．無線LANの規格の1つだが，事実上の唯一の標準としてほぼ同義語として扱われる」としている．

　LAN（Local Area Network）は教室内や部屋内，建物内，あるいは屋外でそれに準じる数十メートル程度までの比較的狭い範囲内の機器を相互に接続するコンピュータ・ネットワークで，屋内のコンピュータとインターネットの接続，オフィス内のコンピュータ間の接続，家庭内のデジタル機器間の接続などで広く普及している．

　ネットワーク上で，情報を他のコンピュータに提供する側を「サーバー」，提供された情報を利用する側を「クライアント」という．一般的に各個人はクライアントになり，ウェブサーバーやメールサーバーといった役割の異なるサーバーを使用することになる．

　もう少し詳しく言えば，インターネットとは，インターネット・プロトコル・スイート（Internet protocol suite＝通信をするのに必要な複数の約束事のセット）を使用し，複数のコンピュータ・ネットワークを相互接続したグローバルな情報通信網を意味する．

　つまり，クライアントの筆者がYahoo！のスポーツニュースのホームページを見たいと思えば，パソコンからウェブサーバーに基本プロトコル（通信規格）であるTPC／IPを送り，そのホームページのスポーツニュースを提供してもらうことになる．

ホームページのURLはマンションの住所

　ついでにいえば，ホームページや電子メールなど，インターネットで情報をやり取りする際には「IPアドレス」が利用されている．『仕事で役立つパソコン活用講座テキスト』［硲・植田監修 2015：47］では，「これは各コンピュータに割り振られた住所のようなもの」と説明されている．このIPアドレスを，分かりやすく英数字やアルファベットに置き換えたものを「ドメイン」と言う．

　一般的にホームページのアドレスといわれるのが「URL」（Uniform Resource Locator＝ユニフォームリソースロケータ）で，インターネット上にあるホームページやファイルの位置や情報を示すものだ．いわばインターネット上の住所だ．ホームページ情報の所在を表す文字列となっている．ここで注意．URLはコンピュータ相手だから正確でなければ伝わらない．例えば，アルファベットはもちろん，「ピリオド（.）」が「カンマ（,）」になっていると目的のホームペー

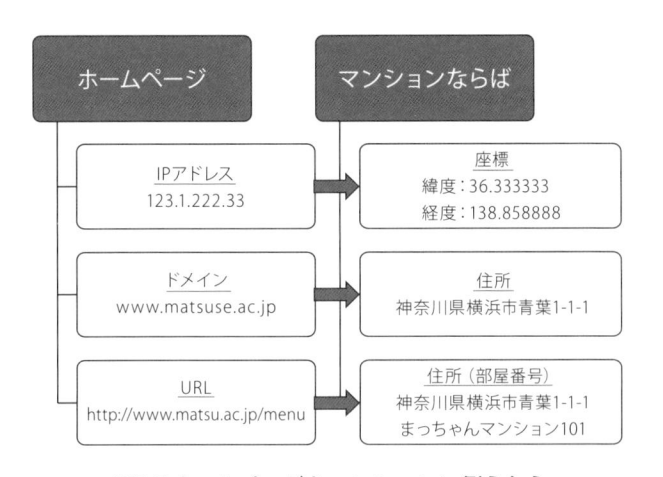

図7-5 ホームページをマンションに例えたら

（出所）筆者作成.

ジには到達できない．だから，アドレスバーにアドレスを入力する場合，できればコピーして貼り付けがいい（**図7-5**）．

　図7-5のURL（http://www.matsu.ac.jp/menu）でいえば，頭の「http」がプロトコル，中の「www.matsu.ac.jp」はドメイン，最後の「menu」がディレクトリとなる．ディレクトリは，サーバー内のフォルダー名と位置を表し，そのURLがホームページ内のどの階層にあるページなのかを示している．

　ホームページの多くは，「ホームページの名前」「属性」「国名」を表すドメインを複数つなげて構成されている．優先順位の高いトップドメインから順に，右から左に並んでいる．「 jp 」は日本，「 ac 」が高等教育機関を表す．つまり，ドメインの右端の「 .ac.jp 」は日本の高等教育機関のホームページを表している．属性でいえば，「 .ac 」のほか，「 .co 」が「企業」，「 .go 」は「政府機関」，「 .lg 」は地方公共団体，「 .or 」は「財団法人などの法人組織」，「 .ne 」は「ネットワークサービス」を表している．

　ホームページは，文字や画像などの様々なコンテンツで構成されている情報ページである．正確にいうと，そのホームページの入り口となるページを「トップページ」，さらにトップページから複数のページに展開されていく．1つ1つのページを「ウェブページ」という．つまり，ホームページはこのトップページといくつかのウェブページで成り立っている．なおホームページとウェブサ

イトは同義である.

またホームページを閲覧するためのアプリケーション・ソフトウェアを「ブラウザ（browser）」という. browseには拾い読みするという意味. つまり情報の拾い読みをするコンテンツといったところか. 一般的には, インターネット上のワールド・ワイド・ウェブ（www）を見るためのソフトウェアをウェブブラウザ, あるいは単にブラウザという.

ブラウザには, 1995年に登場した米国マイクロソフト社のInternet Explorer（インターネット・エクスプローラ＝略称IE）ほか, 米国グーグル社のGoogle Chrome, 米アップル社のSafari, 米国モジラ財団のFirefoxなどがある.

なおMicrosoft Edge（マイクロソフトエッジ）とは, マイクロソフト社から2015年より配信されたWebブラウザ, 即ちインターネット・エクスプローラの新型ソフトである. パソコンだけでなく, スマートフォンやタブレット型端末でも利用が可能となり, 幾つかの新機能も加わっている. 迷ったら, 新しいマイクロソフトエッジをダウンロード・インストールした方が賢明だろう.

4. 情報発信力とコミュニケーション能力

アスリートの情報発信力──中田英寿, 本田圭佑──

デジタル社会となり, 誰でもがSNSで情報発信することができるようになった. 日本のスポーツ界で初めてSNSを通して自らのビッグニュースを発信したアスリートといえば, サッカーの元日本代表, 中田英寿だろう. 2006年7月3日, サッカーワールドカップ（W杯）ドイツ大会1次リーグ敗退後, 自身のブログで現役引退を発表した. スポーツ新聞のみならず, 全国大手紙もこのブログを引用し, ニュース記事にした. 情報発信という意味では画期的な出来事だった.

その時のブログのタイトルは有名である.

「人生とは旅であり, 旅とは人生である」

そのあと, 本文では, 冒頭に「俺がサッカーという旅に出てからおよそ20年の月日が経った」と記され, 情緒的な文章がつづく.「プロサッカーという旅から卒業し, "新たな自分" 探しの旅に出たい」. 最後は "ありがとう" で終わる.

ブログとは, World Wide Web上のウェブページに, 日記や論評, コラムなどを記すウェブサイトである.「WebにLogする」のウェブログをブログと略

する．Logするとは，何かを記録すること，あるいは，記録した物それ自体を指す．

　ブログの書き方に特段，決まりはない．Webで公開するメディアで，誰もが自由に発信することができる．ブログには，「個人向けブログ」と「企業向けビジネスブログ」があり，一般的には「個人向けブログ」を意味する．有料，無料を設定でき，有料だと，自分で保有管理でき，自由度が高く，発信ツールとしても高い効果を発揮できる．中田のブログ「nakata.net」は有料だった．

　アスリートが積極的に情報発信を行い，ファンに直接，自分の心情や声を伝える．マスメディア不信もあろうが，スポーツライターのバイアスがなくなるため，スポーツファンにとってはありがたいことである．またアスリートもSNSを通し，社会と接せる機会が増える．こうした傾向はオリンピック大会でも見られるが，2012年ロンドン五輪では，インターネット上の不適切な発言によって，2人のアスリートがオリンピック選手団から追放された．アスリートの発信力の大きさの証左といえる．

　アスリートの「純度」の高いコンテンツはやはり，面白い．2018年のサッカーW杯では，日本代表選手の多くがツイッターで情報発信した．例えば，本田圭佑選手．

　日本代表が7月3日の決勝トーナメントのベルギー戦で2－3と惜敗し，サッカーW杯からの敗退が決定した直後のテレビインタビューで，本田選手は「"きよきよしい"気分です」と発言した．「清々（すがすが）しい」という漢字を読み間違えて覚えていたのだろう．ネット上で「"すがすがしい"のことだろう」と相次ぎツイートされた．

　このSNS上の騒動を受け，本田選手は発言から数時間後，ツイッターでこう，ツイートした．つい好感を抱く．

　　＜お恥ずかしい．漢字が苦手で．でも，もうしっかり覚えました＞

　岡崎慎司選手との関係が悪いのでないかとのメディアから指摘を受けると，本田選手は，ツイッターでこうも，ツイートした．

　　＜シンジ，メディアには関係悪化とされるような書かれ方たくさんしたけど，俺はずっとお前を認めていたよ＞

　余談を言えば，この2018年サッカーW杯の時，ツイッターでちょっとしたト

ラブルがあった．敗戦直後の日本代表のロッカー室の写真が，国際サッカー連盟（FIFA）のスタッフによりツイッターに投稿された．写真には，きれいに清掃されたロッカー室と，日本代表が残した，ロシア語の「スパシーバ（ありがとう）」というメモが写っていた．

　ツイートしたFIFAスタッフには，おそらく悪気はなく，「日本代表はすべてのチームの見本だ」と日本の礼儀正しい行動を称賛したのだろう．ところが，このツイートは投稿から約7時間後，削除された．後日分かるのだが，その立場ゆえ知りえる情報を外部に漏らしたということで，スタッフはFIFAから即日，契約を解除されていた．情報リテラシーとして，情報発信には組織のルールやモラルを順守しなければならないのである．

大坂なおみ選手の強烈メッセージ

　アスリートの情報発信でいえば，2020年夏のテニスの全米オープンにおける，大坂なおみ選手のメッセージは話題となった．2年ぶり2度目の優勝を果たした大坂選手は，決勝まで，計7人の黒人被害者の名前が白字で書かれた黒色のマスクをつけて会場に入場した．世界の注目を浴びる大舞台で勇気を奮い立たせ，差別撤廃のメッセージを発信し続けた．

　『朝日新聞』によると，大坂はハイチ出身の父と日本人の母を持つ．大阪市で生まれ，3歳で家族と米国に移住した．米国で育った大坂にとって，人種差別や白人警官に暴行を受けるなどして亡くなった黒人の悲劇，全米で巻き起こった「ブラック・ライブズ・マター（黒人の命は大切だ）」運動は他人事ではなかったのだろう．コロナ禍の中で自分と向き合った22歳（当時）．「成長するためにはシャイじゃいけない．言いたいことは隠してはいけないと感じた」とコメントしている．

　自分で考え，自分で正しいと思う行動をする．これが行動規範の肝である．9月12日の優勝直後のコート上でのインタビューは傑出していた．「7枚のマスクでどんなメッセージを伝えたかったのか」と聞かれると，「質問に質問で返すのは失礼ですが」と前置きしてこう言った．

　　　「あなたがどんなメッセージを受け取ったのか．それの方がもっと大事
　　　です．私はみんなに話を始めてもらうことが重要だと，そんなふうに感じ
　　　ています」．

人種差別は政治的な問題でもある．オリンピック大会でいえば，1968年メキシコオリンピックの男子200mの表彰台に上がった1位と3位の黒人選手が，黒い手袋をはめたコブシを突き上げ，黒人差別に抗議するパフォーマンスを行った．だが，この行為によって，両選手は国際オリンピック委員会（IOC）から処分を受け，大会から追放された．

　根拠となったのが，オリンピック憲章50条である．「いかなる種類のデモンストレーションも，あるいは政治的，宗教的，人種的プロパガンダも許可されない」と書かれている．政治に囲まれ過ぎているオリンピック大会にあって違和感をおぼえる条文ではある．IOCでは，大坂選手の行動を受け，この50条の撤廃が議論され始めた．

　大坂選手もまた，ツイッターで情報発信している．時折，批判を浴びることもある．有名アスリートのツイッターには，本人の覚悟や責任が求められる．ウェブメディアEssentially Sports によると，2020年に世界中のツイッターでもっとも話題になった女子アスリートトップ10の1位は大坂選手だった．

コミュニケーション能力

　カオナビHPによると，コミュニケーション能力とはソーシャルスキルの1つ，「対人的なやり取りにおいて，お互いの意思疎通をスムーズにするための能力のこと」である．家庭，学校などでの社会生活を送るだけでなく，仕事をするうえでも必要不可欠な能力で，他人との人間関係を円滑に構築するための非常に重要な能力といっていい．

　その証拠に日本経済団体連合会が2017年に実施した「新卒採用に関するアンケート調査結果」では，新卒採用の際に選考で重視する点として「コミュニケーション能力」が15年連続で断トツの1位となっている．この結果から，実社会において，コミュニケーション能力が重要度の高い能力ととらえられている．

　ビジネスシーンにおいて，「コミュニケーション能力」という場合，次の3つが重視されている．いわば，「自己・チームの目的達成のため周囲と協調したり変容させていったりする能力」として用いるケースが多くある．

　1. 他者を巻き込む力
　2. 理解させる力・説得させる力
　3. 論理的に伝える力

コミュニケーション能力の発展段階をみると，1. 信頼の段階（信頼構築スキル）➡ 2. 傾聴の段階（聞くスキル）➡ 3. 伝える段階（伝える・言語スキル）➡ 4. 相互理解の段階（相手の立場・心理を理解するスキル）となる．カオナビHPでは，コミュニケーション能力は，次のような3つの要素に分類されるとしている．

　1. 伝える能力
　2. 受け取る能力
　3. 非言語コミュニケーション能力

　「1. 伝える能力」とは，コミュニケーション能力を狭義で解釈した場合は，この伝える能力のことを指している場合が多い．伝える能力とは，「書く」「話す」などの手段を用いて，自分の伝えたいことを相手に「正確に」「効果的に」伝える能力のことである．

　単に要件を相手に伝えればいいというわけではなく，伝えたい内容に応じて適切な方法を取ることから，正確に伝わったことで生じる効果まで求められる．

　それゆえ，伝える能力とは，伝言ゲームのような単純なものではなく，伝えたい能力を適切に，しっかりと相手に伝えることが大切ということを理解しなければならない．

　また，「聞く」ことも，「伝える」ことの1つである．うなずいたり，返事をしたり，目をじっとみたり，笑ったり，あるいは反対に顔をしかめたり，目をそらしたりする行為も，相手に対して何かしら「伝える」ことになるからだ．この「書く」「話す」，そして「聞く」ことは，まさに「コミュニケーション能力」の3つの柱だろう．

　伝える力でいえば，ビジネスにおいてプレゼンテーション能力は欠かせない．プレゼンテーションスキルが高ければ取引先やクライアントにこちら側の提案や魅力，メリットなどを明確にプレゼンでき，ビジネスチャンスをさらに広げる可能性がある．有能なビジネスパーソンは決まって，プレゼンスキルが高い．

　オリンピック大会を長年取材してきた筆者にとって，2013年9月のアルゼンチン・ブエノスアイレスでのIOC総会での，2020年東京オリンピック・パラリンピック大会の大会招致プレゼンは驚異的な出来だった．日本オリンピック委員会（JOC）の竹田恒和会長（当時）ほか，陸上パラリンピアンの佐藤（現姓・谷）真海，フェンシングのオリンピアンの太田雄貴，芸能人の滝川クリステル……．そのプレゼンを指導したのが，元ジャーナリストのコンサルタント，英国人の

ニック・バレーだった．一度，話を聞いた．彼は，プレゼンの要諦は「人々に魅力あるストーリーを語ること」と言った．ポイントは3つ，だった．

・インパクト
・単純明快さ
・深い内容理解

「2．受け取る能力」とは，「読む」「書く」などの手段を用いて，相手が伝えたいことや相手の意図を理解する能力を指す．この能力では，質問をすることもポイントとなる．自発的に質問を行って，正確でより詳細な情報を受け取ると考えれば理解しやすいだろう．

単に相手が発した情報，感情，意見，提案などを受け取るだけでなく，それらを深い次元で理解することがコミュニケーションには欠かせない．受け取る能力とは，その言葉から受け身の姿勢をイメージするかもしれないが，「質問をする」ように，自ら情報を取りにいく姿勢も受け取る能力の1つである．

新型コロナ禍では，オンラインの会議アプリ，「ZOOM」を通しての就活面接や授業が行われた．話し手にリズムをつけさせるためには，聞き手はビデオをオンにし，相手の目をみつめ，相槌をうつほうが効果的だろう．面接では，何かを書く仕草などを織り込むことが話す側の印象点をアップさせることになる．

「3．非言語コミュニケーション能力」とは，言外の俯瞰的なコミュニケーション能力を指す．要するに「空気を読む」ということである．周りの雰囲気を感じる，物事を見るなどでその意味を推し測るようなときに使われる能力を指す．

非言語コミュニケーションにおいては，次のような大事な要素が3つ，ある．

・相手の表情
・声のトーン
・コンテキスト（文脈）

ついでにいえば，情報伝達について，「メラビアンの法則」というのがある．これは米国の心理学者であるアルバート・メラビアンが情報伝達についての実験を行った結果，何によって印象を一番受けるかというと，①顔の表情や仕草（視覚情報）55％，②声のトーンや話の早さ（聴覚情報）38％，③話す内容（言語情報）

7%——の割合で伝わるとなった.

　例えば，怒ったような声で好意的な言葉を聞くと，聞いた人は好意的に受け取るのか，嫌悪的に受け取るのか．逆に笑顔の人から嫌悪的な言葉を聞くと，どうなのか．その結果，人は聞いた言葉そのものの内容より，声のトーンや顔の表情等から優先的に印象を受け取っているということがわかった．「話の中身より見た目が重要」ということである．もちろん，話す内容はどうでもいいということではない．見た目も大事にしないと，伝わる効果が半減するということだろう．

注）

1 ）『朝日新聞』 2016年7月21日付.
2 ）『朝日新聞』 2020年9月14日付.

参考文献

硲弘一・植田敬子監修［2015］『仕事で役立つパソコン活用講座テキスト』わかるとできる.

ウェブサイト

日本印刷技術協会［2019］「デジタル化ってなんだろう？」（https://www.jagat.or.jp/
　　cliffon2025, 2020年12月28日閲覧）.
e-words. IT用語辞典 （https://e-words.jp/w/Wi-Fi.html, 2021年1月15日閲覧）.
カオナビHP （https://www.kaoavi.jp/, 2021年1月20日閲覧）.

sports management : the beginning ◉

スポーツ情報リテラシー ②基礎編
——電子メールとWord——

◤ *1.* 電子メール

電子メールとは

電子メール（Electronic Mail）はテキスト形式のメッセージを電気的に伝える コミュニケーション・ツールである．一般的には電子化された送信文書全般を 指して用いられ，かつてはファクシミリによる文書送信を指す用語として用い られたこともある．遡れば，1800年代中頃のモールス信号による電報になるの だろう．

今や，電子メールは，インターネットを経由してメッセージをやりとりする システムのことをいい，「e-mail」，あるいは「メール」と呼ぶ．パソコンやタ ブレット，スマホなどを用いて送受信し，仕事はもちろん，生活するうえで不 可欠なものとなっている．

メールを使いこなせるということは，いろいろな人とコミュニケーションを とるための近道である．ズバリ，有能なビジネスパーソンはメールの返信がは やい．メールを通して，ビジネスの効率化を図り，「ヒューマンネットワーク」 を強固なものにしているようだ．

メールはなぜ，普及したのか．簡単，かつ効率的だからである．インターネッ トを通じて相手に届ける仕組みになっているので，インターネット環境下にあ るパソコンなどの機器があれば，どこからでもメールを読んだり書いたりで きる．

電子メールを送る際，相手を特定するための相手の住所，名前，つまり電子 メールアドレスを記載する．メールアドレスは世界でたった１つである．

アドレスの表記は西欧式（アルファベット）になっており，左側から右側に向 かって，小さな区分から大きな区分となっている．各区分はドット（.）で区

切られて，どこからどこまでが1つの区分なのかわかりやすくしてある．なお，この（.）を，コンマ（,）に間違うとメールは相手先には行かない．

　例えば，「****-matsuse@nittai.ac.jp」だと，「****-matsuse」はローカルパートと呼び個人を識別するための文字列，いわば郵便でいう氏名にあたる部分，「@」の右半分がドメインパートで，郵便でいう住所にあたる部分である．「nittai」が「日本体育大学」，「ac」は学術研究機関，「jp」は日本という意味を持つ．

電子メールのメリット，デメリット

　日本体育大学では，大学が，学生全員にメールアドレスを発行し，サービスを提供している．また，大学を卒業して就職すると，ほとんどの会社で1人につき1つの会社用メールアドレスが発行される．このメールアドレスを利用して，会社の業務上のやり取りをすることになる．『仕事で役立つパソコン活用講座テキスト』[硲・植田監修 2015a：64-65] などによると，メールのメリットは次の5つが挙げられる．

　　◇はやく届く

　　　世界中どこでも，多くの場合，数分以内には相手の手元にメールが届くことになる．

　　◇いつでも，相手の都合を問わず送れる

　　　24時間，365日，いつでも利用できる．また相手が多忙で電話をしてもつながらない場合や，出張などで会社に不在な場合でも，メールであれば相手の都合のよいときに見てもらえる．送る側も，作業の合間時間にメールを作成できるため，業務の効率化につながる．

　　◇データとして記録に残せる

　　　電話や口頭でのやり取りと異なり，メールで取り交わした会話はデータとして残る．そのため，メールを削除しない限りは，検索して過去のやり取りを閲覧できる．送受信の日時も残るので，「いつ」「だれが」「どのような内容を」を送ったのかを確実に残しておくことができる（補足すれば，そのために警察や検察が経済事件などの犯罪容疑で家宅捜査するとき，パソコンを押収するのである）．

◇複数人に同時に送れる

　メールの宛先に複数人を指定できる．一人ひとりに個別に送る必要がなく，対象者すべてに同じ内容を平等に伝えられるため，伝え漏れを防止できる．

◇データを添付できる

　文書の送信だけでなく，画像やファイルなどのデータを添付して送ることが可能である．

　メールには「プライベートメール」と「ビジネスメール」の2種類がある．ビジネスメールの注意点として，『仕事で役立つパソコン活用講座テキスト』［硲・植田監修 2015a：64-65］などは，次の4点を挙げている．メールのメリットとデメリットを理解して，電話などと使い分けなければならない．

◆確実に相手に届く保証がない

　メールは，インターネットを経由する途中で，電波障害や停電，機器の故障などによって紛失してしまう危険性がある．もちろん，自分と相手がともにインターネットに接続していなければならない．

◆相手がメールを見るとは限らない

　メールは送信したら完了ではなく，相手が読んで初めて成立するコミュニケーション・ツールである．外出先でメールを見ていない，迷惑メールとして処理されていた，操作ミスで届いていないなど，相手が確実に見るとは限らない．急ぎや重要な案件は，メール送信後に電話で連絡を入れるなど，相手に見てもらうための行動が必要である．

◆文字を過信しない

　メールは文字情報として相手に届く．そのため，相手によって同じ言葉でも違う意味にとらえられたり，送信者の意図と異なる受け取り方をされたりする場合がある．また「目を通した」だけでは，相手が内容を正しく理解していない可能性もある．文面は簡潔にわかりやすくする，クッション言葉を挟み気遣いの言葉を付けるなど，対面での会話以上の心遣いが必要である．

◆添付禁止のデータもある

　宛先を1文字間違いだけで，まったくの部外者にメールが届いてしまう場合がある．そのため，個人情報や機密情報などのデータは，メールに添

付してのやりとりが禁止されている会社もある．会社の指針に従って利用しなければならない．

メールソフトの基本操作

メールソフトは，メールの送受信をはじめ，カレンダーや連絡先の登録機能を含んだ多機能のアプリケーションソフトである．メールには，数多くの種類があるが，利用者が多いのは，次の3つである．

・Outlook（アウトルック）：Microsoft社が提供．Microsoft Officeに含まれている．
・Windows Liveメール（ウインドウズライブメール）：Microsoft社が提供．
・Gmail（ジーメイル）：Google社が提供．世界最大のメールサービスである．

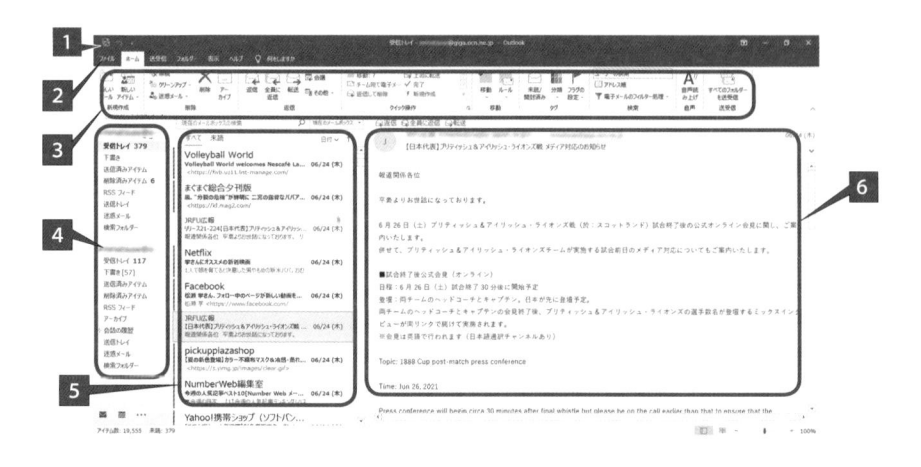

1	クイックアクセスツールバー	［新規作成］［返信］など利用頻度が高いメニュー
2	タブ	リボンに表示するメニューの切り替え
3	リボン	メニューボタンの一覧
4	フォルダーウインドウ	［受信トレイ］［送信トレイ］などのメールフォルダー一覧
5	メッセージ一覧	選択しているフォルダーのメール一覧
6	プレビューウインドウ	選択しているメールのプレビュー画面

図8-1　画面名称

（出所）硲・植田監修［2015a：66］を基に筆者作成．

なお，各ウインドウの大きさや，表示，非表示は［表示］タブのメニューボタンで切り替えできる．リボンのメニューボタンには［メッセージ一覧ウインドウ］［プレビューウインドウ］［カレンダーウインドウ］［コンパクト表示］と並んでいる（**図8-1**）．

署名の設定

　電子メールを使う際，まず署名の設定をしておくと便利だ．署名とは，メールの末尾に，送信者の氏名，大学名，学部名，学籍番号，名前などを数行に

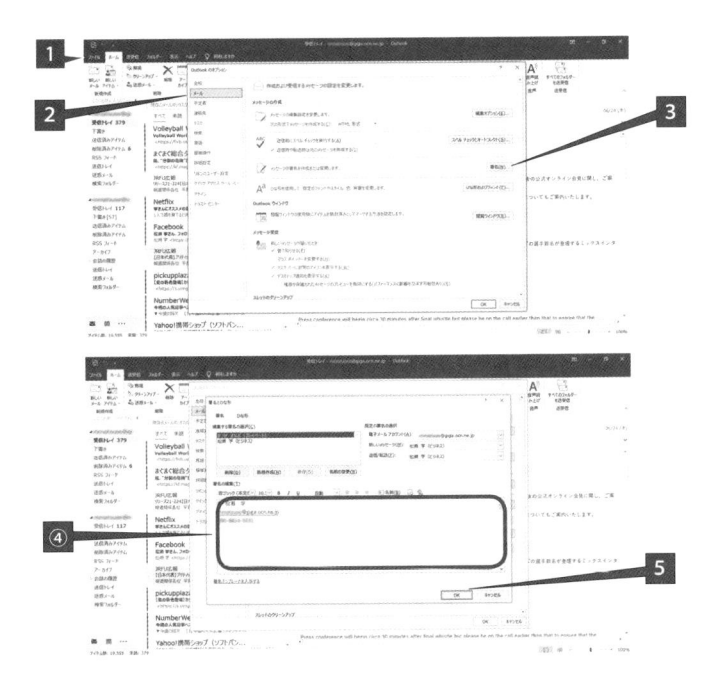

＜メールの署名設定＝Outlookの場合＞
1.［ファイル］タブをクリック．左端のメニューの下部の［オプション］をクリック
2. Outlook基本オプションの左端メニューから［メール］をクリック
3.［メールの署名を作成または変更する］の［署名］をクリック
4.［署名編集］のテキストボックスで署名作成
5.［OK］ボタンをクリック

図8-2　メールの署名設定

（出所）筆者作成．

まとめて記載したものである．ビジネスメールでは署名をつけるのがマナーとなっている．個人情報にあたる自宅の住所，自宅やスマホの電話番号の記入は避ける．筆者は，署名はプライベートバージョンとビジネスバージョンを設定し，送信相手によって使い分けている．

メールの書き方

メールの基本は簡潔明瞭である．宛先，件名，本文は，相手の読みやすさと整理のしやすさを考えて作成する．宛先には，送り先のメールアドレスを入力する．この際，アドレス帳を利用する場合は［宛先］をクリックする．

なおメールの宛先には3種類の指定方法がある．「TO」は「宛先」で，「CC」が「カーボンコピー（Carbon Copy）」，「BCC」とは「ブラインド・カーボンコピー（Blind Carbon Copy）」のそれぞれ頭文字をとったアルファベットである．「TO」はメールの主な送り先に使用し，「CC」は送信したことやCCに入力したメールアドレスを「宛先（TO）」の方に知られても良い場合に，「BCC」は送信したことやBCCに入力したメールアドレスを「宛先（TO）」の方に知られたくない場合に使用する（**図8-3**）．

筆者はよく，重要なメールを送信する場合，無事，送信されて，相手が受信したかどうかを確認するため，自分のメールアドレスを［BCC］に挿入する．

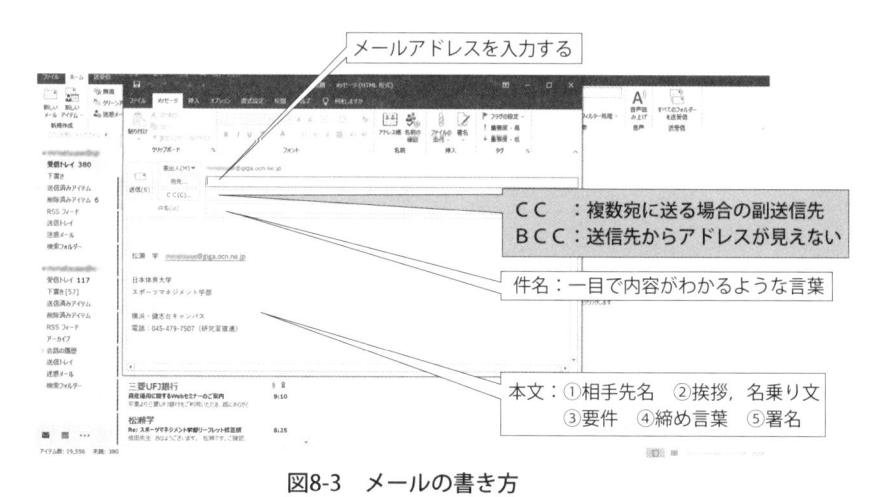

図8-3　メールの書き方

（出所）筆者作成．

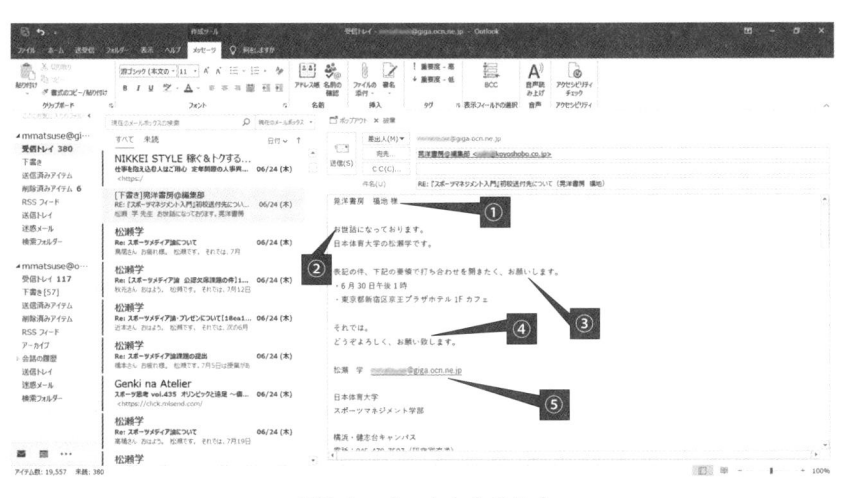

図8-4　メール本文の入力

あるいは，複数の学生にメールを送信する場合も，個人情報なので，自分のメールアドレスを［TO］に入れ，学生のメールアドレスは［BCC］に記入している.

　件名ボックスには，内容が一目でわかるような言葉を記述する．ビジネスの世界に入れば，多くの人が日に100件ほどのメールを処理しなければならない.件名の入力ボックスをクリックして，本文の意味をなすワンフレーズを入れるのだ.

　本文も同様，わかりやすく簡潔に記述する．冒頭には①相手先の名前を必ず書く.「学部，運動部（会社）名＋役職名＋名前＋様」の順で記入する．ここは間違わないように．誤字脱字は厳禁，相手にとっては大変失礼なことになる.締めのコトバは，相手のことを気遣う言葉や，挨拶を入力する.

　②は挨拶と名乗り文，自分の学部名か運動部名，あるいは会社名＋氏名を入れる．③が用件で，日時や場所などは箇条書きも大丈夫である．④で「どうぞよろしくお願いします」といった締めのコトバを書く．⑤ 最後に自分の署名を添える（**図8-4**）.

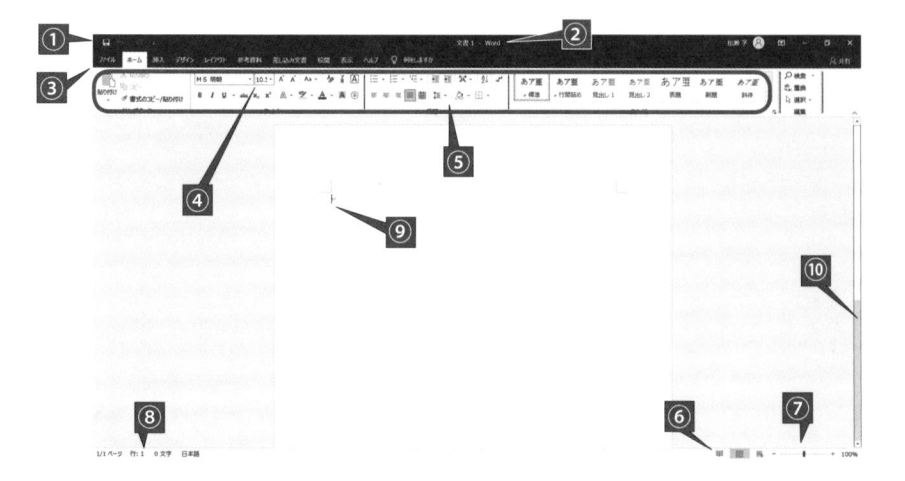 の前にタイトルを書く。

2. 文字入力ソフトのWord（ワード）

ワードの基礎知識

パソコンのOfficeソフトウェア，すなわちWord（ワード），Excel（エクセル），PowerPoint（パワーポイント）の操作は必須スキルである．ワードは「文書作成」を行うアプリケーションソフト．大学でのリポート，卒業論文作成だけでなく，ビジネスシーンでは欠かせないアプリなのだ．

まずパソコンのワードを起動する．左下隅の［スタートボタン］から［すべ

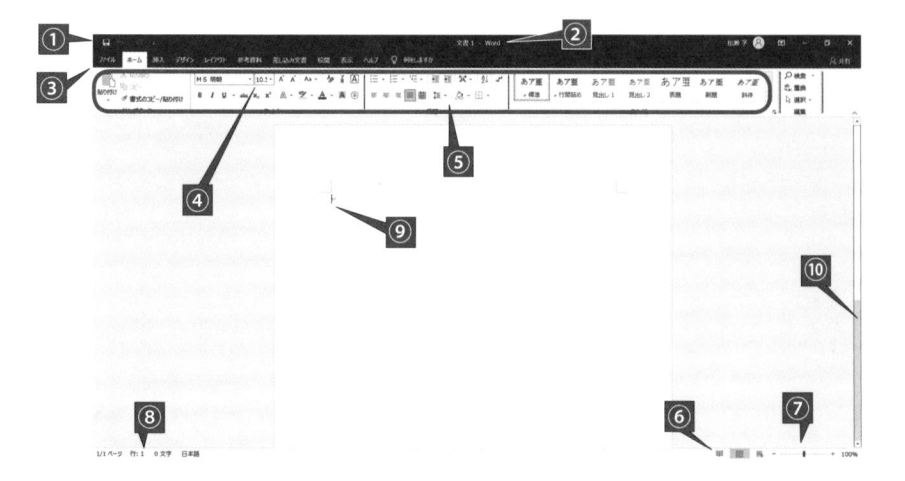

名称	機能
① クイックアクセルツールバー	「上書き保存」「元に戻す」「やり直し」の機能表示
② タイトルバー	文書の名前．未保存の場合は「文書1」などと表示
③ タブ	各タブを選択することで操作のボタン表示
④ リボン	各タブのボタンが表示されているエリア
⑤ グループ	各タブ内でボタンを内容ごとにグループ化
⑥ 表示モード	作業に応じた表示モードに変更できる
⑦ ズームスライダー	画面の表示倍率を変更できる
⑧ ステータスバー	文書の情報を表示
⑨ カーソル	この位置から文字列を入力できる
⑩ スクロールバー	画面に表示される領域を上下に移動

図8-5 ワードの操作画面の名称と役割

（出所）礒・植田監修［2015b：14］を基に筆者作成．

てのプログラム］をクリック．［Microsoft Office］の［Microsoft Word 2016］をクリックする．今後のことを考え，［Microsoft Word 2016］で右クリックし，［スタートにピン留めをする］をクリックするとスタート画面にワードのアイコンが出るようになり，ワード画面が出ている時にタスクバーのアイコンを右クリックし，［タスクバーにピン留めする］をクリックすると，タスクバーにワードのアイコンが常に表示されることになる．ここをクリックするだけで即起動できることになる．ワードの操作画面も理解しておこう（**図8-5**）．

ページの行数と文字数を設定する

　ワードの基本スキルのポイントだけを順次，押さえていく．まずは，ページの行数と文字数の設定である．ロングセラーの『エクセル＆ワード＆パワポ＋エクセル関数　基本＆便利ワザまるわかり』［GetNavi特別編集 2021：122］によると，1ページの行数や1行に入力できる文字数は，用紙サイズと余白で自動的に設定される．自分の好みに変更したい場合は「ページ設定」画面で調整する（**図8-6**）．

文書のフォーマットと文字の入力

　なお，「段組み」機能を利用すれば，複数の段組みでレイアウトすることが

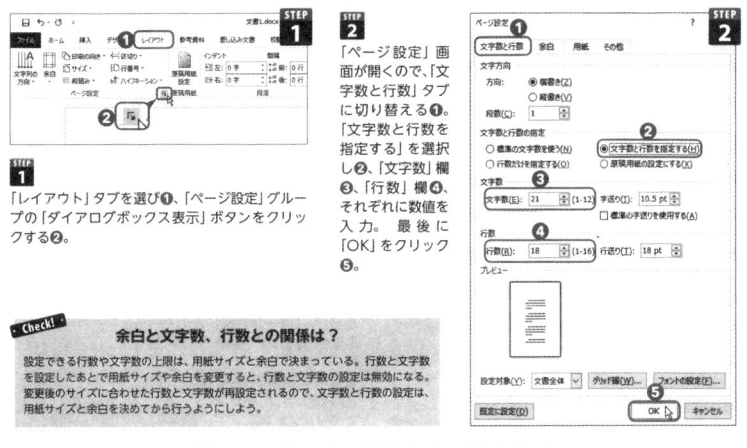

図8-6　ページの行数と文字数の設定

（出所）GetNavi特別編集［2021：122］.

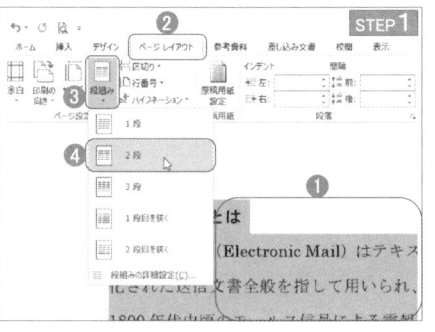

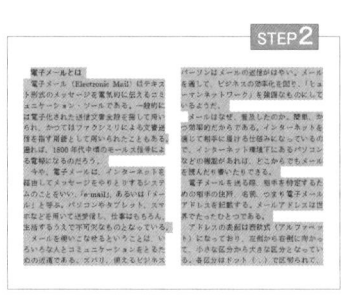

STEP1
① 段組みにする文章を選択.
② 「ページレイアウト」タブの,
③ 「段組み」をクリックし,
④ 段組みの種類を選択.

STEP2
指定した段組みにレイアウトされる.
STEP1①で文章を指定せずに行うと,
文章全体に段組みがレイアウトされる.

図8-7　文章の段組みの設定

文節ごとに変換する　　　　　　　　　　　　　　　文節の区切りを変える

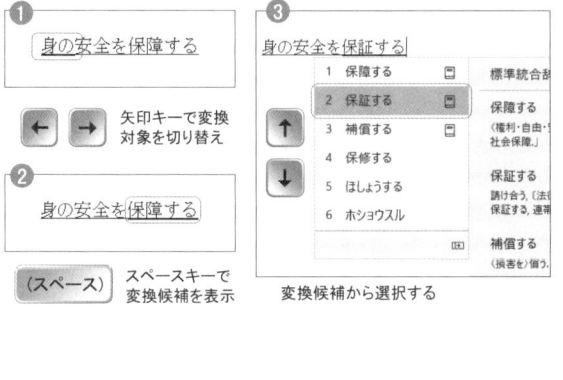

図8-8　文節ごとの変換

できる. 卒業論文など長い文章を読みやすくしたい場合に利用すると効果的である（図8-7）.

　ワードでは, 文章の変換を頻繁に行うことになる. ワードでは1～2行程度

の長文をひらがなで入力してから一度に変換することもできる．誤変換がある場合は，確定前に，その部分だけを選んで再変換することになる．パソコンの上達方法は何より，自分でやってみることだ．トライ＆エラーである．

　例えば，①「みのあんぜんをほしょうする」と入力してキーボードの［スペース］キーを押すと文書全体が一度に変換される．その時，変換対象の文節には，太い黒の下線が表示される．②キーボードの左右の矢印キーを押すと，太い黒の下線が隣の文節に移動し，変換対象を切り替えることができる．③［スペース］キーを押すと，太い黒の下線が付いた文節に対する変換候補が表示される．上下の矢印キーで正しい候補に合わせ，［Enter］キーを押して文章を確定する（図8-8）．

　ちなみに，「文章」を一番大きな単位とし，それを構成しているものが「段落・文・文節・単語」，順に小さな単位となっていく．段落は，内容ごとに分けられた1つずつのブロックをいい，書き出しの文字が1段下がっている．ワードでは，段落ごと，最後に「↵」段落記号が付くことになる．文は「．」句点で区切られた文章で，文節とは，意味が通じる範囲で区切った最小の単位．また文字列（もじれつ）は，単語や文章のような，並べられた文字のかたまりを指す．

　読者の多くは高校時代からパソコンを扱っているだろうから，キーボードのキーの扱いはほぼ慣れていると考える．ただ誰でもすぐに使えるパソコンの小

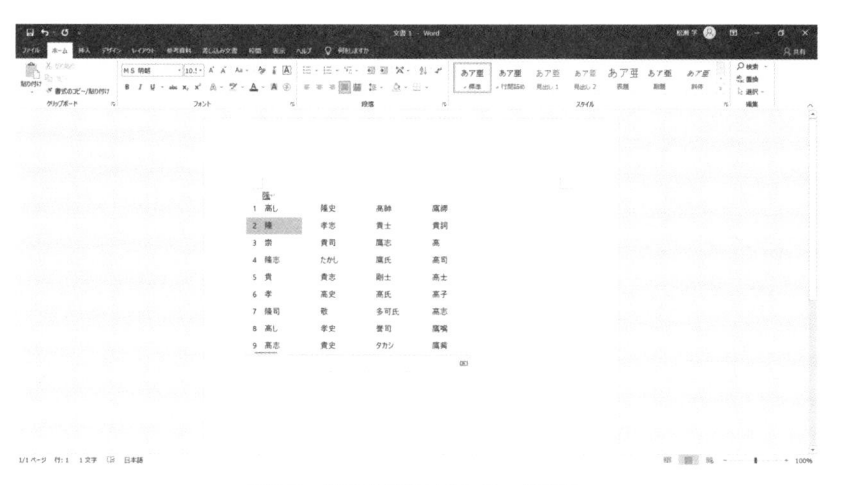

図8-9　変換候補リストの一挙出し

ワザをいくつか紹介する．

　仕事の効率を高めるためである．まずは，文字変換．文字を入力するとき，[Space] キーを押して変換リストを見ていくとやたら時間がかかる．時間短縮するためには，[Space] キーを2回押して変換リストが出たら，[Tab] キーを押す．そうすると，変換リストがどっと拡張される．[PgDn]（PageDown）キーを押すと，次の候補ページを示してくれる．

　例えば，「たかし」と入力して変換すると，変換候補は320もある．9個ごとの変換リストを見ていくとやたらと時間がかかる．ただ変換リストを表示して [Tab] キーを押すと拡張されて数十個の変換候補が表示されることになる．あとはマウスや [PgDn] の方向キーで変換候補を選択するだけでいい（**図8-9**）．

　あるいは，コピペだ．コピー（複製）＆ペースト（貼り付け）．正攻法でいけば，コピーしたい文字列をドラッグ選択し，[ホーム] タブの「コピー」ボタンをクリック，コピーしたい場所にカーソルを移動し，[ホーム] タブの「貼り付け」ボタンをクリックすることになる．でも，魔法のショートカット（近道）を使えば，操作がずっと簡単になる．コピーしたい文字列を選択し，[Ctrl] キーを押しながら [C$_{そ}$] キーを押してコピー，コピーしたい場所にカーソルを移動し，今度は [Ctrl] キーを押しながら [V$_{ひ}$] キーを押せば張り付けられる．コピペは，コピーのC，ペースト（貼り付け）が勝利（Victory）のVと覚えよう．

　また文字列を移動するときのショートカットは，移動したい部分を選択し，[Ctrl] キーを押しながら [X$_{さ}$] キーを押して切り取り，移動したい場所にカーソルを置き，勝利のVで張り付ければいい．ついでにいえば，キーボードの打ち込み操作を1つ戻すときは，[Ctrl] キーを押しながら，[Z$_{つ}$] キーを押せば大丈夫だ．今のはなしよ，は，アルファベットの最後のZ，ラストチャンスのZと覚えよう．なお，Macのパソコンの場合には，[Ctrl] キーの代わりに [Command] キーを使うことになる（**表8-1**）．

　ショートカットキーで言えば，この教科のオンライン授業でよく使う機能が

表8-1　ショートカットキーの基本3操作

小ワザ	キー操作
コピー	[Ctrl] キー＋ [C$_{そ}$] キー
貼り付け	[Ctrl] キー＋ [V$_{ひ}$] キー
元に戻す	[Ctrl] キー＋ [Z$_{つ}$] キー

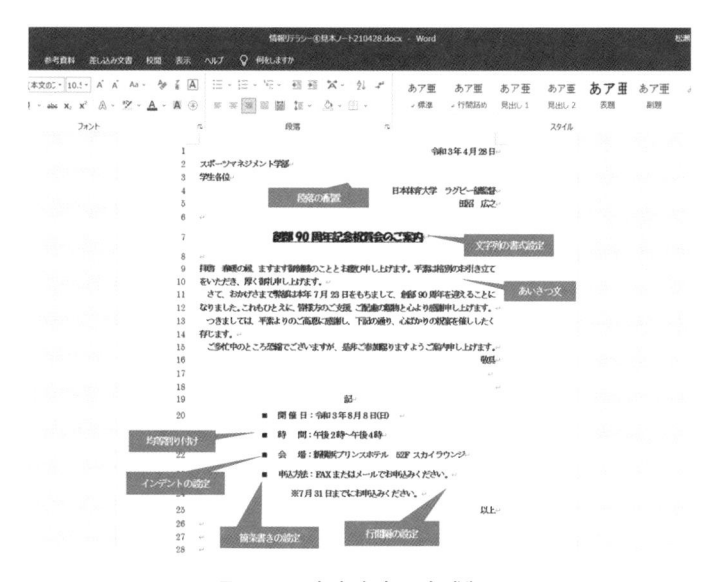

図8-10　案内文書の完成版

パソコンの画面を2つに分割するスプリットビュー機能である．例えば，左半分でZOOMの先生の教材画面を見る，右半分では学生が自分のパソコンのワードを立ち上げて操作するような状況だ．対象のウインドウ画面を選択し，窓のようなマークの［Windows］キーを押しながら，右に分割するなら［→］キー，左になら［←］キーを押す．

文書作成

　ワードでは文章を書く．これは，ほぼ大丈夫だろう．案内文書を作成する場合は，文字列の配置や書式，情報を見やすくする箇条書きなどの基本スキルが必要になる．見栄えのよいビジネス文書を作成することが求められる（**図8-10**）

表8-2　段落の配置のショートカットキー

文字列を右に揃える	［Ctrl］キー＋［R右］キー	中央揃え	［Ctrl］キー＋［E中］キー
文字列を左に揃える	［Ctrl］キー＋［L左］キー	両端揃え	［Ctrl］キー＋［J真］キー

段落の配置と文字の様式

　段落の配置は，標準では［両端揃え］だが，［ホーム］タブの［段落］グループのボタンで配置を変更できる．左から，［文字列を左に揃える］ボタン，［中央揃え］ボタン，［文字列を右に揃える］ボタン，［文字列を右に揃える］ボタンと並ぶ．あるいは魔法のショットカットキーでスピードアップを図る．［R］はright（右），［L］がleft（左），［E］がearth-centered（地球中心），［J］がjustification（両端揃え）の頭文字となる．中央揃えはcenterの［C］のような気もするが，これはコピー（［Ctrl］＋［C］）で使っているから使えないのだ（**表8-2**）．

　例えば，1行目の「令和3年1月1日」は打っていって，どこかにカーソルを置いて，［Ctrl］キーを押しながら［Rₛ］キーを押すと，この日付がピュッと右端に飛んでいく．ちなみにWindowsだと，［令和］と入力して［Enter］キーを2度押せば，ネットがつながっていれば，その日の日付が自動的に入力される仕組みとなっている．

　2行目の「スポーツマネジメント学部」，3行目の「学生各位」はそのまま，4行目の「日本体育大学　eスポーツ部部長」，5行目の「松瀬　学」はまた，カーソルをその文字列のどこかにおいて，［Ctrl］キーを押しながら［Rₛ］キーを押すと，ピッ，ピッと右端に飛んでいく．こういう文字入力のスピードアップのコツは，まずは5行の文字列を書いて，その後に配置を直していくことである．

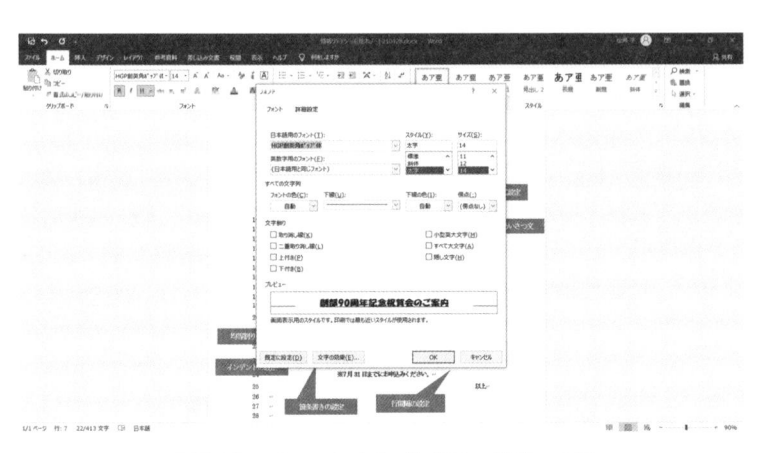

図8-11　［フォント］ダイアログボックス

タイトル・文字列の書式変更

7行目の「新部長就任の挨拶」は, まず [ホーム] タブの [フォント] グループの [フォントサイズ] の「▼」から「20」をクリックして大きくする. 加えて, [ホーム] タブ→ [フォント] グループの [B] をクリック, より目立つようにする. [B] はBold (太字) の頭文字である. 下線設定は, [フォント] グループの[U]をクリックする. Uはunder lineの頭文字だ. [U]の右横の[▼]をクリックすると一覧から下線の種類や色を変更できる.

フォントサイズは通常,「10.5」ポイントと設定されている. その数字を変更すれば, 文字の大きさが変わる. 意外に知らない人が多いけれど, フォントサイズの候補にない大きさを指定したい場合は, そのハコに直接, 数値を入力すれば変更される. 文字の書体を変えるには, [MS明朝] や [MSゴシック] などフォントの種類を選んでいけばいい (図8-11).

上記の [ホーム] タブの [フォント] グループで選ばなくても, ショートカットキーで [Ctrl] を押しながら [DL] キーを押せば, フォントのダイアログボックスが出てくる. これで詳細な書式も設定できる. ダイアログボックスは「dialogue (対話)」のボックス, 操作者がパソコンと対話するときに使うのである.

頭語, 結語, あいさつ文

パソコンは賢くできている. 文章の頭の言葉を頭語, 末尾のそれを結語という.「拝啓」と入力して [Enter] キーを押して確定すれば, 自動的に1行改行されて, 右揃えで「敬具」が出てくる.「前略」と入れれば「早々」,「謹啓」と入れれば「敬白」といった具合だ.「記」には「以上」が自動的に連動している.

決まり文句のあいさつ文の挿入も簡単である. Windowsのワードなら, [挿入] タブの [テキスト] グループの [あいさつ文] をクリックし, さらに「あいさつ文の挿入」を押せば「あいさつ文」ダイアログボックスが表示される. まず覚えることができないような決まり文句が勢ぞろいだ. [月のあいさつ] の [1] をクリックし, 時候の挨拶→ [初春の候], 安否の挨拶→ [ますます御健勝のこととお慶び申し上げます], 感謝の挨拶→ [日頃は大変お世話になっております. 日頃は格別のお引き立てをいただきありがたく御礼申し上げます] などと選択して, 右下の[OK]をクリックする. あいさつ文の組み合わせは自由, 操作者のセンスが文章に浮き出ることになる.

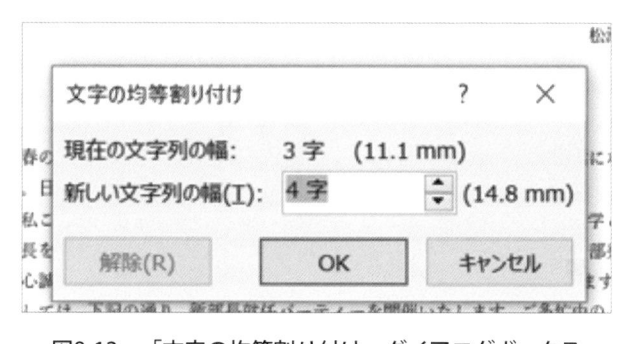

図8-12　「文字の均等割り付け」ダイアログボックス

均等割り付け・インデント・行頭文字・行間の設定

　ここは，小ワザを使って，文字列の見栄えをよくするのである．均等割り付けは，選択した文字列を指定した幅に合わせて均等に配置する機能を指す．サンプルで言えば，一番長い4文字の「申込方法」に合わせて，「開催日」「時間」「会場」を選択して，それぞれ「4文字幅」で均等割り付けを行う（**図8-12**）．

　例えば，「開催日」の文字列を選択し，［ホーム］タブ→［段落］グループ→［均等割り付け］をクリックして［文字の均等割り付け］ダイアログボックスを表示しして，［新しい文字列の幅］の文字数のハコに「4字」を入れる．「時間」「会場」も同様の作業を繰り返す．均等割り付けを解除する場合は，「解除」をクリックする．なお均等割り付けが設定された文字列にカーソルを当てると水色の線が表示される．

　インデント（indent）とは「字下げ」で，文章の行頭に空白を挿入して先頭の文字を右に押しやることをいう．「開催日」「時間」「会場」「申込方法」の4行を列の真ん中に動かす場合，それぞれスペースを同数入れて右に動かすのは愚の骨頂である．時間がかかる．崩れる可能性があるからだ．この時はインデント機能を使う．［ホーム］タブ→［段落］グループ→［インデントを増やす］を右にずらしたい文字数の回数だけクリックする．5文字ず

図8-13　行間隔ダイアログボックス

らしたければ5回である．逆に文字列を左にずらす場合，同様の操作で［イン
デントを増やす］の左横の［インデントを減らす］を文字数分クリックすれば
いい．

　箇条書きの先頭には，［行頭文字］か［段落番号］を付けていく．「開催日」「時
間」「会場」「申込方法」の先頭に「■」を付けたければ，［ホーム］タブ→［段落］
グループ→上段左端の［箇条書き］右横の「▼」をクリック→［行頭文字ライ
ブラリ］の［■］をクリックする．

　箇条書きの右横には［段落番号］のハコがある．その右横の「▼」をクリック，
［番号ライブラリ］から入力したい段落番号の種類をクリックすることになる．
行の上辺から次の行の上辺までの間隔を「行間隔」という．通常は「1.0」に
設定されている．この感覚を調整したい時は，［ホーム］タブ→［段落］グルー
プ→［行と段落の間隔］ボタンを押すと「行間隔」ダイアログボックスが出て
くるので，そこに新たな行間隔の数字をクリックする．

　最後の行の［※］は，「こめ」と文字入力すれば，この絵文字が出てくる．

表の挿入

　ワードでは表を作成することで，見やすくすることができる．表の基本名称
として，1つ1つの枠を「セル」（細胞）と呼び，縦方向のセルの集まりを「列」，

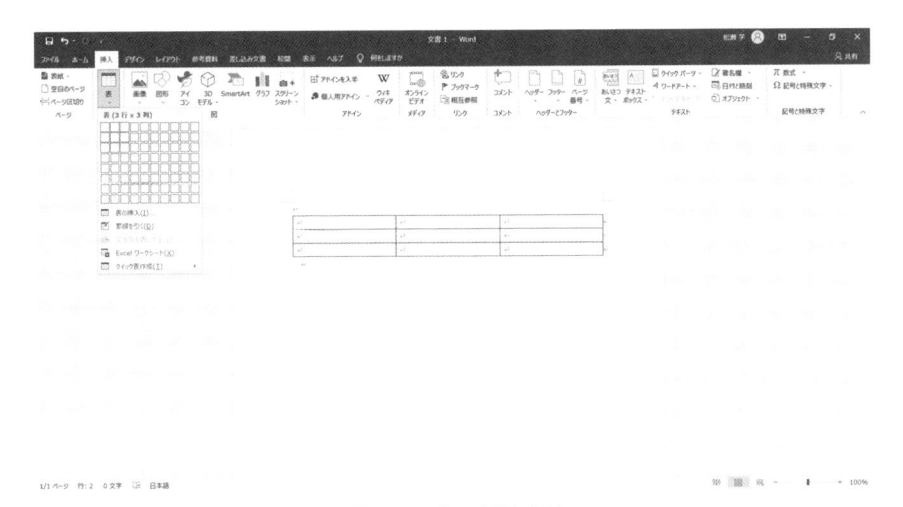

図8-14　表の挿入方法

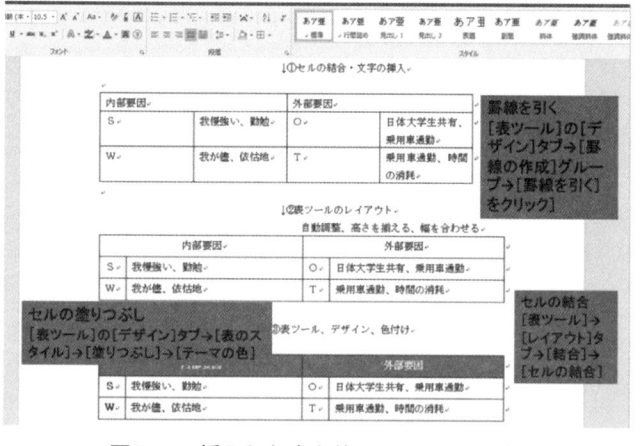

図8-15　挿入した表を使ってのSWOT分析

横方向のセルの集まりを「行」という．上の［挿入］タブ→［表］グループ→［表］の下の「▼」→挿入したい行・列をマウスポインターでスライドして図を選択，クリックする．今回は3行3列．そうすると，カーソルの位置に表が挿入される．［表］の8行×10列以上の行列の表を作成したい場合には，「▼」をクリックし，図の下の［表の挿入］をクリックすると，ダイアログボックスが出てくる．そこに必要な行，列数を入力すればOK（**図8-14**）．

　1年生の授業では，まず3行×4列の表を挿入してもらって，自身のSWOT分析をしてもらうことにしている．孫氏の兵法にある「敵を知り，己を知れば，百戦して殆（あや）うからず」のことわざの通り，大学生活を過ごすにあって，自分をよく知ってもらいたいからだ．表作成では，罫線を引く，セルを結合する，セルを塗りつぶす，などの基本スキルを使って見やすくしてもらうのだが，大事なのはちゃんと自己分析をすることである．

　SWOT分析は通常，企業のマーケティング戦略立案における環境分析で利用している．これを自己分析に転用する．

　セルで分割されたハコに，それぞれ自分の内的要因として「強み（Strength）」「弱み（Weakness）」，外的要因としての「機会（Opportunity）」「脅威（Threat）」を書いてもらう．SOを伸ばし，WTを克服することで，自身をアップグレードすることになる．それを意識してもらうためだ（**図8-15**）．

　この他，ワードには，図形の挿入，SmartArtの挿入・編集，画像の挿入な

ど便利な機能を活用し，視覚的に情報を見やすくしていくことになる．実社会で使えるビジネスパーソンになるためには，役に立つ情報，つまりインテリジェンスをいかにわかりやすく効果的に伝えるかのコミュニケーション力を磨かなければなるまい．

参考文献

GetNavi特別編集［2021］『エクセル＆ワード＆パワポ＋エクセル関数　基本＆便利ワザまるわかり　最新版』ワン・パブリッシング．

硲弘一・植田敬子監修［2015a］『仕事で役立つパソコン活用講座テキスト』わかるとできる．

――――［2015b］『ビジネスWord講座　基礎・応用テキスト』わかるとできる．

.

9 *sports management : the beginning*
スポーツ情報リテラシー ③実践編
――ExcelとPowerPoint――

1. 表計算ソフトのExcel（エクセル）

画面名称

エクセルは「表計算」のアプリケーションソフトである．また表計算だけでなく，数値をグラフで表したり，データの管理や分析をしたりと，様々な機能を備えている．

作業を行う場所がワークシート（シート）で，行と列から構成されるセル（細胞）の集まりを指す．行はタテ，列はヨコの並びだ．操作を行うセル，選択されているセルを「アクティブセル」という．アクティブセルの位置を「セル番地」と表現し，例えば，「123」が入力されているセル番地は「A2」と呼ぶ．こういった画面の名称は全部，覚える必要はないが，知らないよりは知っていたほうがいい．基本的な機能はできるだけ理解しなければならない．スポーツで言えば，野球やサッカーのポジション名（名称），役割（機能）のようなものだ（**図9-1**）．

名前ボックスには，アクティブセルの位置（セル番地）が表示される．数式バーには，アクティブセルに入力されているデータが示されるが，関数の時にはその関数名が表示されることになる．

データ入力，シート名の変更，追加，移動，削除

さあ，セルに文字や数値を入れよう．数値は半角英数の入力モードで入れ，[Enter] キーをクリックすれば確定され，セル内に右揃えで配置される．半角英数のアルファベット，ひらがな入力モードでの日本語の入力を行うと左揃えとなる．もし数値を全角で入力する場合は，[Enter]キーを 2 回押して確定され，半角英数で右揃えに変更される．右揃えの数値が数式や関数などの計算の対象となることを覚えておこう．

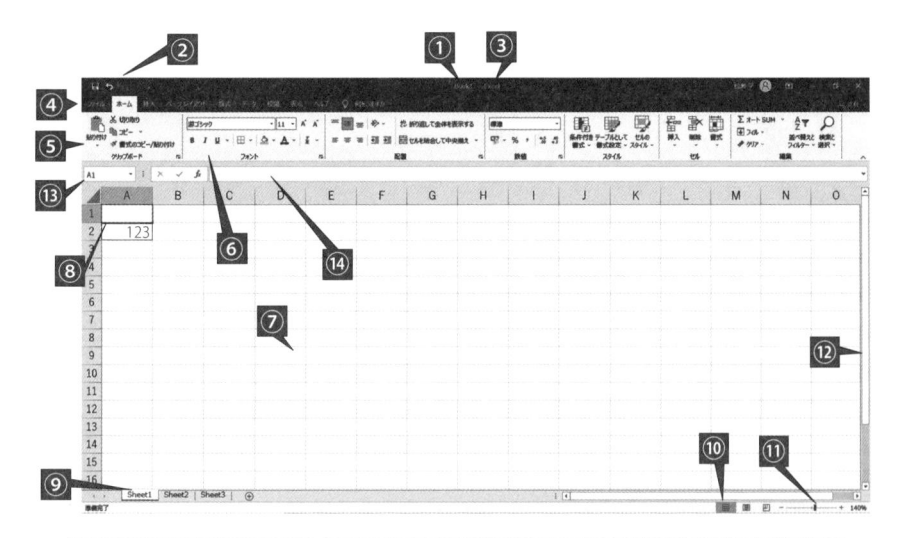

図9-1　エクセル画面の名称と機能

名称	機能
①ブック	エクセルではファイルのことを［ブック］ともいう.
②クイックアクセスツールバー	初期の設定では［上書き保存］［元に戻す］［やり直し］機能が表示.
③タイトルバー	ブックの名前が表示される.
④タブ	見出し. 各タブを選択することでリボンが表示される.
⑤リボン	各タブのボタンが表示されている領域.
⑥グループ	各タブでボタンを内容ごとにグループ化して表示.
⑦ワークシート	行と列から構成されたセルの集まり. 作業をするエリア.
⑧セル	シートを構成する1つ1つのマス目.
⑨シート見出し	シートのタイトルを表示.
⑩表示モード	作業に応じた表示モードに変更される.
⑪ズームスライダー	画面の表示倍率を変更する.
⑫スクロールバー	画面に表示される領域を上下や左右に移動する.
⑬名前ボックス	アクティブの位置（セル番地）を表示.
⑭数式バー	アクティブセルに入力されているデータを表示.

（出所）砒・植田監修［2015：12］を基に筆者作成.

　シートはファイルノートのようなものだ. 必要に応じて，追加や削除，移動できる. シート名にはそのシートの内容が分かるようにシード見出し（タイトル）を付けておくと，後で整理がしやすくなる.

　シート名を変更する場合は，シートのシート見出しをダブルクリックして，

グレーの網掛けの状態になっ
たら，付けたいシート名（例
えば，「情報リテラシー」）を入力
し，［Enter］キーで確定させる．
あるいは，シート見出しにカー
ソルをあてて右クリックし，メ
ニューが出てくるので，［名前
の変更］をクリックしてもいい．
　シートを追加する場合は，
シートの見出しの右端にある
［＋］（ワークシートの挿入）をク
リックすればいい．シートの末
尾に新しいシートがポンと挿入

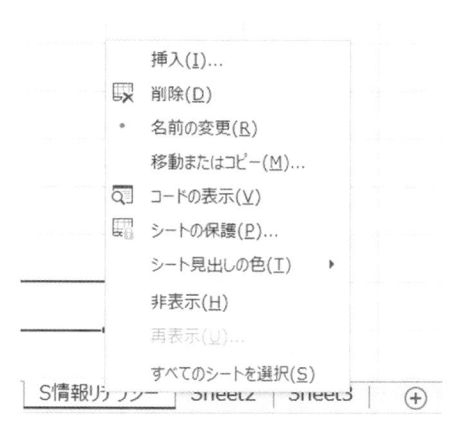

図9-2　シートの削除，コピー

される．また，シートの位置を移動させたい時は，そのシート見出しをドラッ
グして，移動先のシート見出しの間の［▼］を表示させてマウスを指から離せ
ばいい．ファイルノートのファイルの順番を入れ替えるようなものだ．
　シートを削除する場合は，シート見出しを右クリックし，出てきたメニュー
の［削除］をクリックする．よく使う機能が，シートのコピーだ．コピーした
いシートのシート見出しを右クリック，メニューの［移動またはコピー］をク
リックし，さらに出てきたダイアログボックスの移動先ブック名を指定し，移
動先（一番後ろの時は［末尾へ挿入］）を選び，左下の［□コピーを作成する］にチェッ
クを入れる．違うブックを作成し，そちらにシートを移動する時は移動先とし
て［新しいブック］を選択すればいい（**図9-2**）．

オートフィル

　エクセルのとても役に立つ機能が「オートフィル」機能だ．曜日や数字など
の規則性のあるデータを連続してセルに入力する場合，マウス操作だけで簡単
に入力ができる．例えば，セル番地「Bの2」に「月曜日」と入力する．そして，
マウスポインターをセル右下の■（フィルハンドル）に合わせて［B7］までドラッ
グすると，月曜日，火曜日，水曜日とずらずらと連続したデータが表示される
ことになる（**図9-3**）．
　英語でもOK．「Monday」と入力してオートフィル機能を使うと「Monday,

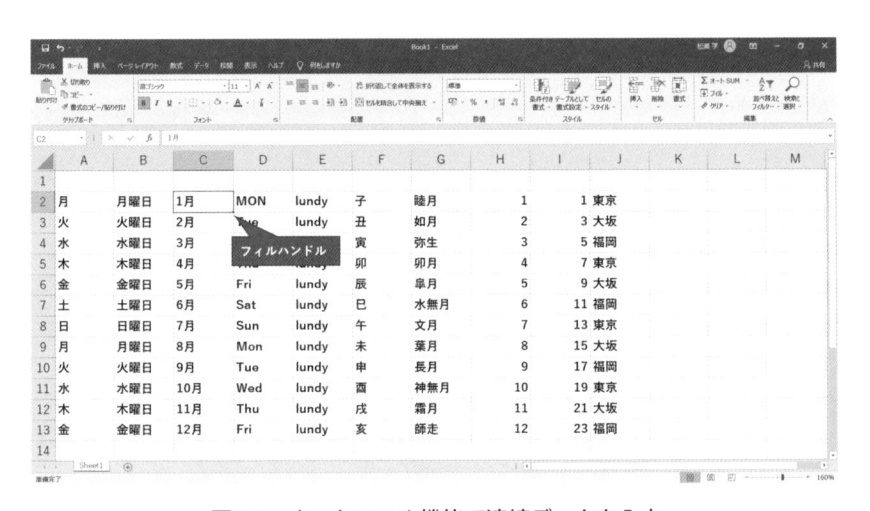

図9-3　オートフィル機能で連続データを入力

Tuesday, Wednesday……」の文字列が,「1月」を入れてのオートフィル機能
だと,「1月,2月,3月……」,「睦月」だと「睦月,如月,弥生……」と続く.
ただフランス語には対応できない.フランス語の月曜日の「Lundi」を入力し
ても,連続データとはならず,「Lundi,Lundi,Lundi ……」と続くだけである.
なお,オートフィルオプション機能を使うと,右下に小さい四角マーク,[オー
トフィルオプション]が出る.それをクリックすると,メニューが出る.多くの場合,
○セルのコピーか,○連続データかどちらかをチェックする.一方,2つ以上
のセルに入力された数値を選択し,オートフィルをかけると,一定間隔で増え
る連続データが入力できる.

　例えば,「10」「20」の2つのセルを選択し,オートフィルを試みると,「10・
20・30……」といった連続データが入力できる.文字列でオートフィル機能を
使うと,同じ文字列が繰り返しコピーして入力されることになる.

　オートフィル機能を活用すれば,スケジュール表が簡単にきれいにできる.
加えて,列の幅や行の高さを調整,セル内の文字列の配置,セルの結合,罫線
の設定などをして,見てくれのいいスケジュール表を作成してみよう(図9-4).

数式と関数

　「数式」とは，数・量を表す数字また文字を演算記号や等号などで一定の規則にのっとって結合された文字列である．　例えば，「1 + 1 = 2」といったものだ．エクセルのセルには，「数式」が入力でき，確定すると自動で計算結果が表示される．決まり事として大事なことは，数式は半角で入力すること，先頭には「=」（イコール）をまず入力することだ．

　たし算は「+」，ひき算が「-」，かけ算が「×」ではなく，「＊」（アスタリスク），割り算が「／」（スラッシュ）が使える．数式には，セル番地も利用できる．これを「セル参照」という．これは便利だ．セルに入力された数値を参照して計算を自動的に行うもので，セルの値を変更すると，計算結果も自動で変更される（**表9-5**）．

　例えば，10×100の場合，計算結

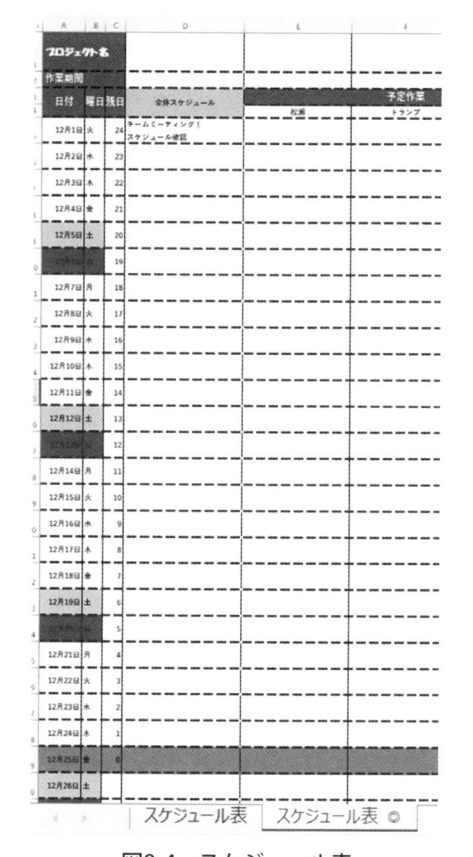

図9-4　スケジュール表

果を出すセルにまず［=］を入力し，対象となるセルを参照して［A2＊B2］を入力し［Enter］キーをポンとたたいて確定すると，［1000］という数字が表示される．その際，数式が参照しているセルやセル範囲が色付きの枠線が表示されるが，これを「カラーリファレンス」機能という．また，数式バーには「=A2＊B2」と表示されることになる．

　さあ，エクセルの目玉機能，関数である．関数はなにかといえば，計算の仕組み，決まり事をいう．ある決まった値を与えると何らかの値を返すようなもの，目的の計算をするためにあらかじめ用意されている数式なのだ．

　よく例えで示されるのが，自動販売機．ジュースの自動販売機に100円玉1

	A	B	C	D
2	10	100		
3				
4	内容	演算記号	算数の式	Excelの式
5	たし算	プラス＋	10+100	＝A2＋B2
6	ひき算	マイナス－	10-100	＝A2-B2
7	かけ算	アスタリスク＊	10×100	＝A2＊B2
8	わり算	スラッシュ/	10÷100	＝A2/B2
9				

図9-5 エクセルの演算記号の種類

つと10円玉３つを入れて，グレープジュースのボタンを押すと，お目当てのグレープジュースがガラガラと出てくる．130円でグレープジュースを購入する仕組みが決まっている自動販売機，関数とはそんなものなのだ．エクセルにはこの複雑な計算を自動で行う「関数」という数式が用意されている．『ビジネスExcel基礎テキスト』[硴・植田監修 2015：49] によると，関数は「引数（ひきすう）」という計算（処理）を行うための材料を指定することで自動的に計算（処理）をして結果を表示する．よく利用する関数として選択範囲の合計値を求める「SUM（サム）関数」がある．[SUM関数] は [合計] ボタンと利用すると簡単に入力できる．

　　　関数の構文　→　＝関数名　（引数１，引数２）

　実際，Excelを操作しよう．ここに2010年から2019年までのプロ野球のセ・リーグ球団別観客動員数の表がある．最初は，球団ごとの各年の観客動員数しか入力されていないとする．合計，平均欄は空白と想定して，関数を使って自動計算をしてみる（**図9-6**）．

①SUM（サム）関数
　年ごとの球団ごとの観客動員数の合計を求める場合，[B9] を選択．[ホーム] タブ→ [編集] グループ→ [Σ]（A）右横の小さい▼をクリックしてメニューから [合計（S）] をクリック．[B9] に「＝SUM（B3:B8)」と表示されることを確認して，[Enter] キーを押す．[B9] に「14,318」が表示される．この際，数式バーには関数の構文 [＝SUM（B3:B8)] と表示される．
　そしてマウスポインターをB9のセル右下の■（フィルハンドル）に合わせて [K9] までドラッグすると年ごとの合計値が自動で表示されることになる．と

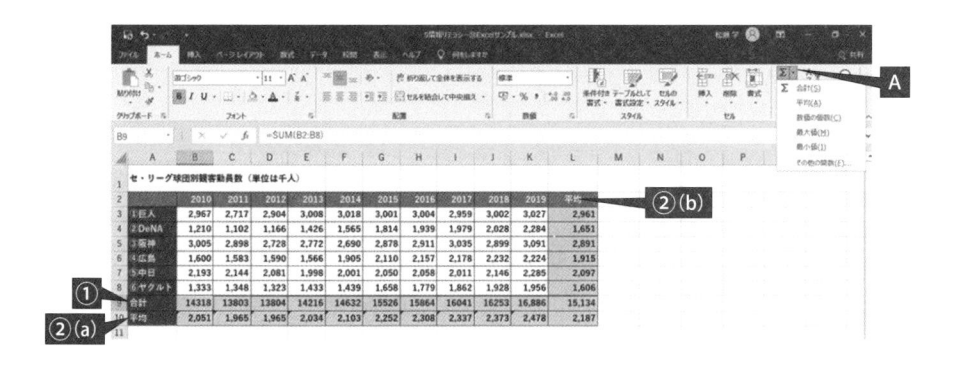

図9-6　エクセルの関数によるセ・リーグ球団別観客動員数表

（注）観客動員数のデータは日本野球機構ホームページより入手した．以下の図について同様．

ても便利な機能だ．

②AVERAGE（アベレージ）関数

　（a）これは選択範囲の平均値を求める関数である．年ごとの球団の平均値を求める場合，[B10] を選択．[ホーム] タブ→ [編集] グループ→ [Σ]（A）右横の小さい▼をクリックしてメニューから [平均（A）] をクリック．最初，生真面目なExcelは [＝AVERAGE（B3:B9）] が表示される．だが [B9] はいらない．引数に指定された範囲にカラーリファレンスが表示されるので，このハンドルや枠線をドラッグして，引数のセル範囲を [B3:B8] に修正する．この時，数式バーやセルに出てくる数式の引数を直接修正してもよい．[B10] に「2,051」が表示される．そしてマウスポインターをB10のセル右下の■（フィルハンドル）に合わせて [K10] までドラッグすると年ごとの合計値が自動で表示されることになる．

　（b）球団ごとの10年間の平均値を求める場合，[L3] を選択．[ホーム] タブ→ [編集] グループ→ [Σ]（A）右横の小さい▼をクリックしてメニューから [平均（A）] をクリック．「2,961」が出るから，それをこれまで同様，オートフィル機能を使えば，球団ごとの10年間の平均値が自動で表示されることになる．トップは巨人の296万1000人，2位が阪神の289万1000人で競り合っていることが分かる．

割合と絶対参照

　ビジネスの世界に入ると，いつも数字がついてくる．例えば，年度の予算を立てて，実績の達成率を評価することがある．関数を使ってやれば，自動で簡単だろう．また「達成率」「前年比」「構成比」などを求める際，［パーセントスタイル］を設定すると数値を見やすくなる．割合を求める時の基本は，「比べる量」÷「元にする量」である．元にする量がいわゆるモノサシとなる．

　①例えば，下に2019年のセ・リーグ各球団の観客動員数の表がある．グレーの網掛けはセルには何の数字も書いてなく，関数で数字を出していくものと想定する．まず，各球団の今年の1試合平均を出す．［D2］を選択．［＝］と入力し，［B2/C2］で［Enter］をクリックすると，「42,643」が表示される．このセルから［D7］までオートフィル機能を使えば，各球団の1試合平均の数字が並ぶことになる．

　②前年比を求める場合は，まず［F2］を選択．［＝］と入力→［D2］（比べる量）を選択→割の［/］と入力→［E2］（元にする量）を選択→［Enter］キーをクリック．［F4］には「1.02265」が表示される．％スタイルにするためには，［ホーム］タブ→［数値］グループ→［％］をクリック．「102％」と表示．小数点以下を増やしたい場合は，［ホーム］タブ→［数値］グループ→［％］の2つ右横の［小数点以下の表示桁数を増やす］ボタンを1回，押すと，「102.3％」となる．ここをクリックするたびに小数点以下の表示桁数は増える．逆に，その右横の［小数点以下の表示桁数を減らす］のボタンを1回押せば，桁数が1つ，減っていく．

　③構成比とは，観客動員数の合計のうち，その球団の観客動員数は何％かを

	A	B	C	D	E	F	G
1		入場者数	試合数	1試合平均	昨年平均	前年比	構成比
2	①読売	3,027,682	71	42,643	41,699	102%	20.4%
3	②横浜DeNA	2,283,524	72	31,716	28,166	113%	15.4%
4	③阪神	3,091,335	72	42,935	40,831	105%	20.8%
5	④広島東洋	2,223,619	71	31,319	31,001	101%	15.0%
6	⑤中日	2,285,333	72	31,741	30,231	105%	15.4%
7	⑥東京ヤクルト	1,955,578	71	27,543	27,152	101%	13.2%
8	合計	14,867,071		34,649	33,180	104%	100.0%

図9-7　セ・リーグ球団観客動員数の前年比・構成比（2019年）

示す数字をいう．例えば，巨人の場合なら，［G2］に［＝］を入力し［B2/B8］とするのだが，オートフィルを使うことを考えると合計数の［B8］は固定して計算しなければならない．このセル番地が変化しない参照方法を「絶対参照」という．絶対参照は，行番号と列番号の前に「＄」（ドル記号）を置くという約束事になっている．この場合，［B8］を選択して一番上のキーボードの並びの［F4］キーを押すと，［＄B＄8］と絶対参照に変換される．もしも，［F4］キーを押しても絶対参照にならなければ，数式バーで「＄」を「F」の前後に挿入し，［＄F＄4］の文字列をつくることになる．［G2］を選択すると，数式バーに「＝B2/＄B＄8」と表示さることを確認し［Enter］キーをクリック，G2をG8までオートフィルをかける．G8は当然，「100%」となる（**図9-7**）．

グラフ作成で数値の見える化，行列の切り替え，種類の変更

エクセルでは，表の数値をグラフ化して視覚的に訴える図をつくることができる．グラフを作成するためには，まずは元のデータとなる表を準備する．グラフにしたい範囲を選択して，作りたいグラフのデザインを選択すればいい．グラフの基本は棒グラフ，折れ線グラフ，円グラフである．簡単にいえば，棒グラフは数値の大小を比較する場合，折れ線グラフがデータが時系列に沿ってどのように変化しているかをつかむ場合，円グラフは全体の中での構成比をみる場合に適している．

例えば，棒グラフを作成する場合，①対象となるデータを範囲選択（グレーの網掛け部分，A2〜K8）する．②［挿入］タブの［グラフ］グループの［縦棒グ

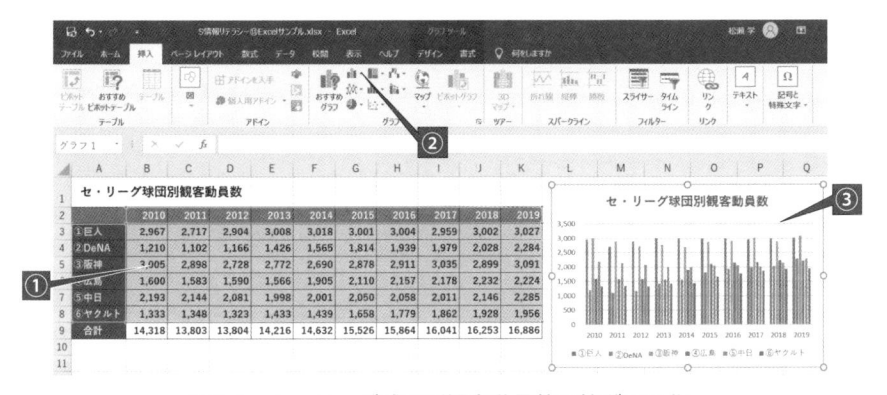

図9-8 セ・リーグ球団別観客動員数の棒グラフ化

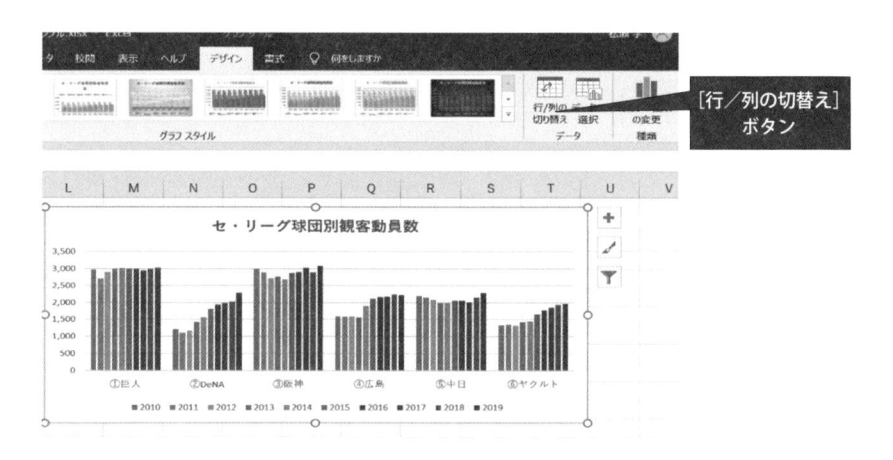

図9-9　行列の切り替え

ラフの挿入］をクリックし，［集合縦棒］をクリックする．③縦棒グラフが作
成される．［グラフエリア］と表示される部分をクリックするとグラフ全体が
選択され，タブに［グラフツール］の［デザイン］と［書式］が際立って表示
される（図9-8）．

　なおグラフタイトルを入力するためには，グラフタイトル部分をクリックし
て選択，再度クリックしてグラフタイトル内にカーソルを表示，タイトルを入
力し，タイトルエリア外のところをクリックするとタイトルが確定する．

　グラフを作成すると，自動的に表の行列のデータの長い方が横軸に設定され
る．［グラフツール］の［デザイン］タブをクリック，［データ］グループの［行
／列の切り替え］ボタンを押すと行列の入れ替えが簡単にできる（図9-9）．

　また棒グラフを作成したけれど，折れ線グラフにしたい場合，［グラフツー
ル］の［デザイン］タブをクリックし，①［グラフの種類の変更］ボタンを押し，
ダイアログボックスから［折れ線］の②［折れ線］をクリック，［OK］を押す（図
9-10）．

複合グラフの作成

　同じプロットエリアに種類の異なる2つのグラフを重ねたものを「複合グラ
フ」と言う縦軸の数値が大きく異なる2種類の数値をうまくグラフ化できる．
この機能は便利だ．

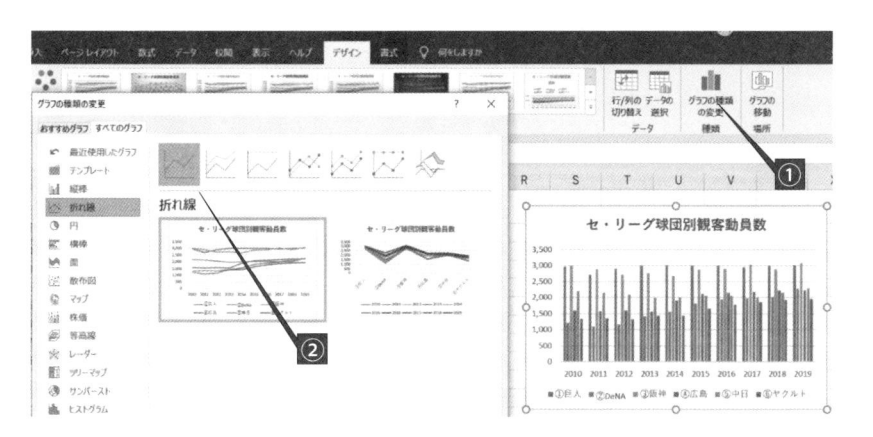

図9-10　グラフ種類の変更

①例えば，2020年の新型コロナウイルスの国内感染者と国内死者の人数の変化をグラフで示したい場合，感染者を縦棒，死者を折れ線グラフで作成する．まず，グラフにするデータをドラッグして範囲選択する．

②［挿入］タブを開いて，［複合グラフの挿入］ボタンをクリックし，一番下の［ユーザー設定の複合グラフを作成する］をクリック．③［グラフの種類の変更］画面で，［感染者］欄に［集合縦棒］，［死者］欄に［マーカー付き折れ線］をそれぞれ選択．［死者］欄の［第2軸］にチェックを入れて［OK］ボタンをクリックする．これで複合グラフが作成される．

グラフの左側に感染者の軸（主軸），右側に死者の軸（第2軸）が表示される
グラフの左側に感染者の軸（主軸），右側に死者の軸（第2軸）が表示される（**図 9-11**）．

データの選択，データラベルの追加

データの選択をする場合は，［デザイン］タブの［データ］グループの［データの選択］をクリック．ダイアログボックスが出てくるので，選択したい凡例項目（系列）のボックスだけにチェックを入れる．

またグラフに何の数値もないので，よくわからないケースがある．物足りない時，「データラベル」を追加して，それぞれのデータ要素の値を表示した方がいい．具体的な数値をグラフ上で見られるようになるので軸の内容をはっきりさせる．

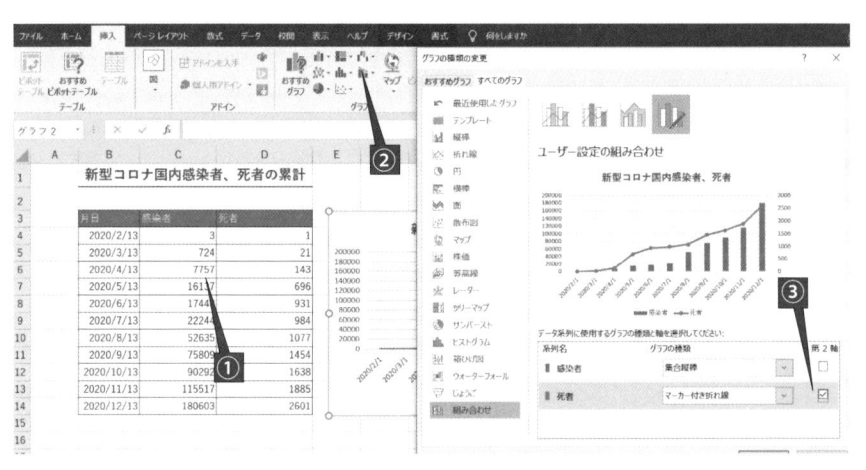

図9-11　複合グラフの作成の仕方

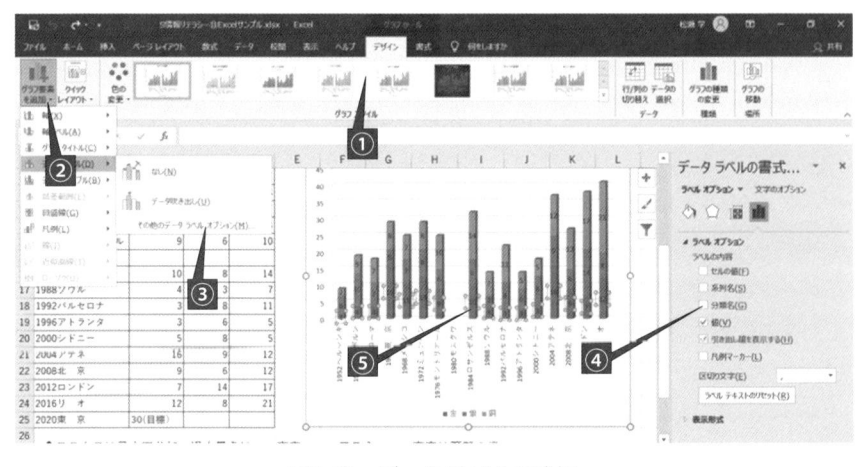

図9-12　データラベルの追加

　例えば，グラフを選択して，[グラフツール] の① [デザイン] タブを開き，リボンの左端の② [グラフ要素を追加] をクリック．メニューの一番下の③ [その他のデータラベルオプション] をクリックすると，右側に [データラベルの書式] が出てくるので，④必要な値にチェックを入れる．そうすると，⑤データラベルに数値が入る（**図9-12**）．

エクセルではこのほか，グラフタイトルや軸ラベル，レイアウト，スタイル，凡例など様々なグラフ要素を編集し，見やすいグラフを作成することができる．

2. プレゼンテーション・ソフトのPowerPoint（パワーポイント）

画面構成と名称，機能

最後のテーマが，プレゼンテーションの資料アプリケーションソフト，パワーポイント（PowerPoint）である．いわゆるパワポ．『よくわかるPowerPoint2016基礎』［富士通エフ・オー・エム 2016］によると，PowerPointは主に次のような機能を持つ．① 効果的なスライド作成，② 表やグラフの作成，③ 図解の作成，④ 画像・動画・音声の挿入，⑤ 装飾文字の作成，⑥ 洗練されたデザインの利用，⑦ 特殊効果の設定――である．ビジネスシーンでのプレゼンテーションを考えると，① ② ③ の基本スキルをちゃんと押さえておけば，まずは大丈夫だろう．

表示モードの基本は左端の「標準」である．これで，スライドに文字を入れたりレイアウトを入れたりして作業をする．この標準表示モードは「ペイン」と呼ばれる複数の領域で構成されている．作業するスライドが ⑩ でこのエリアがスライドペイン，⑨ はスライドのサムネイル（縮小版）が表示されている．スライドの選択や移動，コピーなどに行う場合に操作する．また ⑦ 表示選択ショートカットの「標準」をクリックすると，サムネイルペインのスライドが箇条書きの文字で表示されている「アウトラインペイン」に切り替わる．プレゼンの構成を考えながら文字を編集したりするのだが，プレゼンの直前，パッと内容を確認したい時には便利な機能である（**図9-13**）．

画面の操作

まずはスライドのデザインを決める．パワポにはデザインの「テーマ」が多数，準備されている．パワポを起動して，編集画面が表示されたら，①［デザイン］タブをクリックし，［テーマ］グループの右端の ② その他（▼）ボタンをクリック．例えば，上段の右から3つ目の「ウイスプ」を選択する．

それぞれのテーマには，いくつかのバリエーションが用意されている．「配色」「フォント」「効果」「背景のスタイル」を個別に設定することもできる．いわゆる，自分の好きなものに「カスタマイズ」するのである．

またスライドの縦横比は，③「スライドのサイズ」をクリック，自分が使い

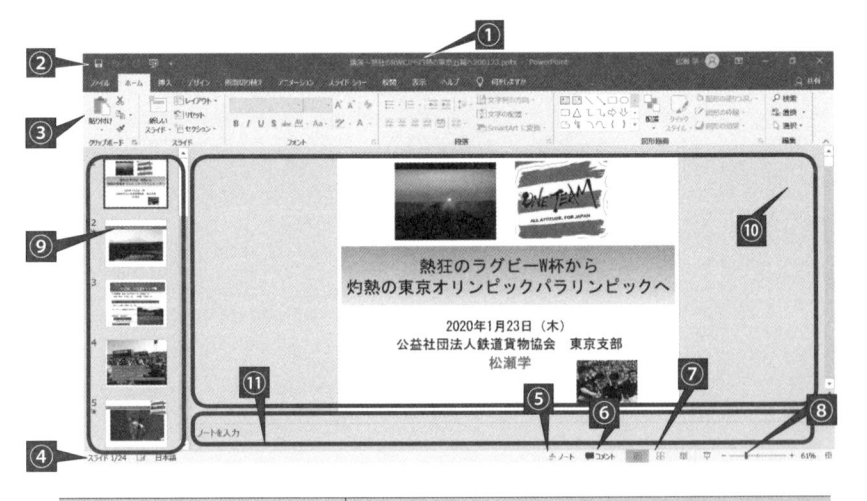

名称	機能
① タイトルバー	ファイル名やアプリ名が表示される
② クイックアクセスツールバー	「上書き保存」「元に戻す」「繰り返し」「先頭から開始」など
③ リボン	コマンドを表示する場合に使う
④ ステータスバー	スライド番号や選択言語などを表示
⑤ ノート	ノートペインの表示・非表示
⑥ コメント	<コメント>作業ウインドウの表示・非表示切り替え
⑦ 表示選択ショートカット	表示モードの切り替えを行う
⑧ ズームスライダー	拡大，縮小でスライドの表示倍率を変更
⑨ サムネイルペイン	スライドのサムネイルが表示
⑩ スライドペイン	作業中のスライドを表示
⑪ ノートペイン	作業中のスライドに補足説明を書きこむ

図9-13　パワーポイントの画面構成

（出所）富士通エフ・オー・エム［2016：19］を基に筆者作成.

たいサイズを選択する．設定では，スライドの縦横比は「ワイド画面」の「16：9」となっている．新型液晶テレビはこのサイズである．従来のスライドの縦横比が「標準」の「4：3」．例えば，講演や商談など，先方のプレゼンを実施するモニターの設定が分からない時はどうするかといえば，縦横比が「16：9」と「4：3」の両方をつくっておくと安心できる（**図9-14**）.

図9-14　パワポのテーマ選択

　新しいプレゼンテーションには表紙用のスライドが1枚用意されている．そのスライドには，「プレースホルダー」という枠が設定されている．上部の枠がタイトルを入力する ①「タイトルのプレースホルダー」，下部の枠が所属や名前などを入力する ②「サブタイトルのプレースホルダー」．プレースホルダーをクリックすると，文字入力が可能になる．枠線上の移動ハンドル（「＋」）をクリックすれば，ドラッグしながら枠事ごと移動させることができる．プレースホルダー内をクリックすると，カーソルが表示されるので文字を入力する．要領はワードでの文字入力と同じである（**図9-15**）．

　その後，自分のプレゼン構成のもと，さまざまなスライドを追加していくことになる．［ホーム］タブをクリックし，①［新しいスライド］ボタンの文字の部分をクリック，色々なレイアウトのス

図9-15　表紙用のスライド

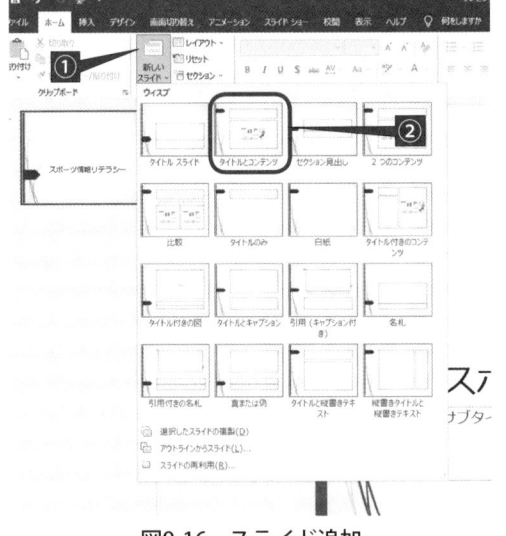

図9-16　スライド追加

ライドパターンのメニューが出てくる．自分の希望のサンプルをクリックする．プレゼンで使うのは，圧倒的に上段の左から2つ目の②［タイトルとコンテンツ］だ．

以降は，［新しいスライド］ボタンをクリックすると，直前に選択したスライド（この場合は［タイトルとコンテンツ］）が追加される（図9-16）．

箇条書きテキスト

箇条書きを入力．一段（右へ）下げる場合は，箇条書きの頭を選択し，［Tab］キーを1つ押すと，レベルが1つ，下がる．コンテンツのプレースホルダーでは，自動的に行頭文字がついた箇条書きスタイルとなる．行頭文字のあるプレースホルダーで文字を入力後，［Enter］キーで改行すると，新しい行頭文字がつく．行頭文字をつけずに改行したい場合は，［Shift］キーを押しながら［Enter］キーを押す．

行頭文字を変更したい場合は，その行頭文字の範囲をドラッグで選択．①［ホーム］タブの［段落］グループの上段の左端の「箇条書き」，またはその右

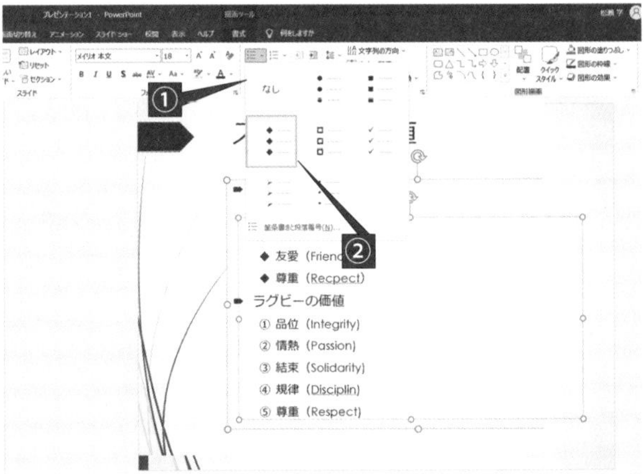

図9-17　箇条書きの行頭文字

の「段落番号」の右
横の「▼」をクリッ
ク，②表示されたメ
ニューから「箇条書
き」「段落番号」を
選んでクリックする
と，その箇条書き，
段落番号に変更さ
れることになる（図
9-17）.

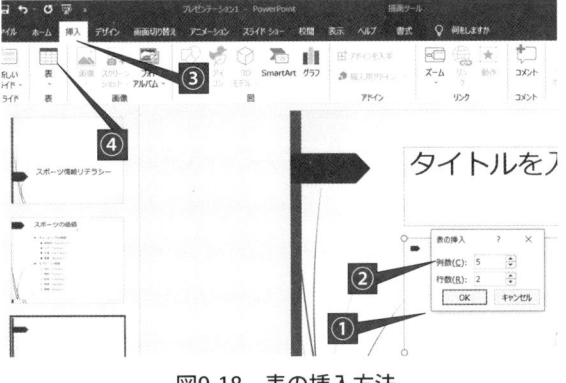

図9-18　表の挿入方法

表の挿入

　スライドの［タイトルとコンテンツ］には，下部のコンテンツのプレースホ
ルダーの中央部に「表の挿入」「グラフの挿入」「スマートアートの挿入」など
のボタンが並んでいる．その①「表の挿入」ボタンをクリックすると，②［表
の挿入］画面が表示されるので，「▲」「▼」ボタンをクリックして，列数と行
数をそれぞれ指定し，［OK］ボタンをクリックする.

　列数や行数はあとから挿入／削除で増減することができる．また，表の位置
を調整する場合は，表の外枠にポインターを合わせ，十字の形（「＋」）に変わっ
たところでドラッグして動かせばいい．拡大縮小は，表の右下端にポインター
を合わせ，両方向の矢印の形（「↔」）に変わったところでドラッグする．また
プレースホルダーが表示されていない場合は，Wordの時と同様，上部の③［挿
入］タブをクリックし，④［表］ボタンをクリック，出てくる表を使って挿入
したい行数・列数の格子をクリックする（図9-18）.

グラフとデータの挿入

　プレースホルダー内の①［グラフの挿入］ボタンをクリックすると，［グラ
フの挿入］画面が表示される．②グラフの種類（ここでは縦棒の集合縦棒）を選び，
③下部の［OK］ボタンをクリックする（図9-19）.

　プレースホルダーが表示されていない場合は，画面の上の④［挿入］タブ
をクリックし，［図］グループの［グラフ］ボタンをクリックすると，［グラフ
の挿入］画面が表示される.

データの入力画面は，グラフに連動した ⑤エクセルのワークシートが表示される．そこには仮の数値が入っているので，書き換える形で正しいデータを入力すると，その数値が自動的に ⑥グラフに反映されることになる．［閉じる］ボタンで終了（**図9-20**）.

表をグラフにして「見える化」する．その際，知っておいた方がいいのが，複合グラフの作成の仕方だ．数値の桁が2系列で違い過ぎる場合．主軸と第2軸（右軸）を使う.

まず表（例えば，2020年の新型コロナの都道府県別の感染者数，死者数の推移）を作成する．①［挿入］タブの［図］グループの［グラフ］をクリックし，縦棒グラフを挿入．この場合，感染者数と死者数の数が違い過ぎて，死者数の縦棒がほとんど見えない．そこで死者の数値軸を第2軸に変え，折れ線グラフに変更することにする（**図9-21**）.

②グラフをクリックしてアクティブにした状態で，上の［書式］タブをクリック．③リボンの左端の［現在の選択範囲］のハコの右のプルダウン（▼）から［系列"死者"］を選択．さらにリボンの左端の［選択対象の書

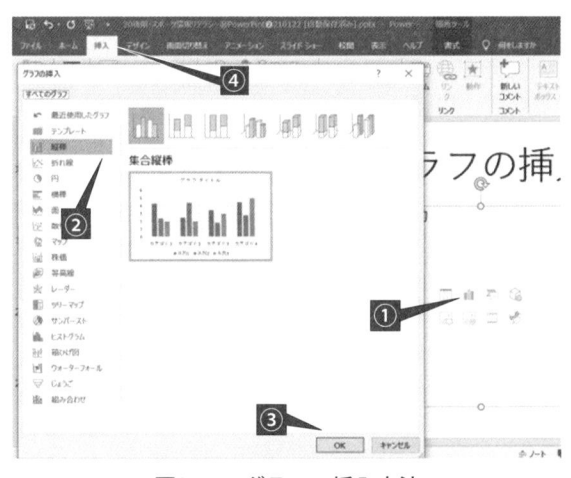

図9-19　グラフの挿入方法

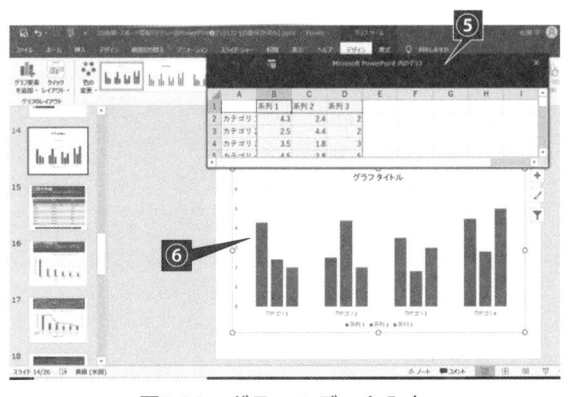

図9-20　グラフのデータ入力

式設定］をクリック.
画面右端の［データ系
列の書式設定］ウイン
ドウを開く.系列のオ
プションの中から［使
用する軸］の［第2軸］
を選択し,閉じる.上
の［デザイン］タブの
［グラフの種類の変更］
をクリック（**図9-22**）.

④ 死者の第2軸に
チェックが入っている
グラフの種類を［折れ
線］から［マーカー付
き折れ線］を選択し,
⑤［OK］ボタンを押
す.コンプリート！（**図
9-23**）

表やグラフのほか,
パワーポイントでは,
便利なスマートアート
や写真,クリップアー
ト,イラストを挿入す
ることができる.

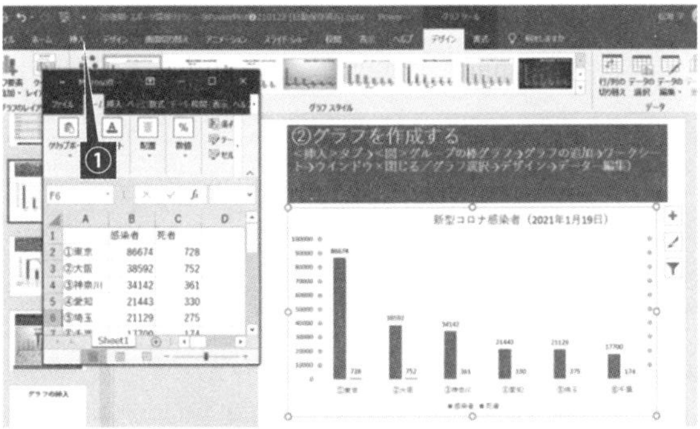

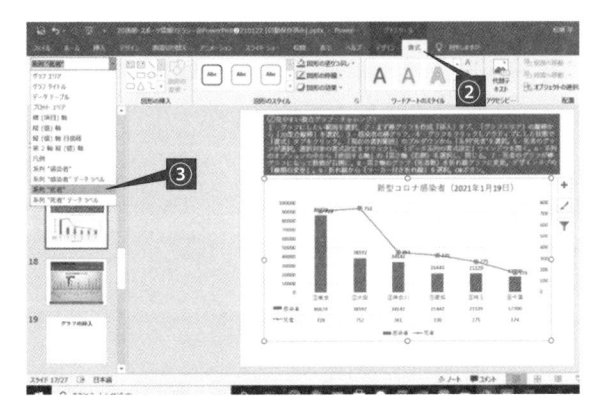

図9-21　縦棒グラフの挿入

図9-22　グラフの数値軸の変更

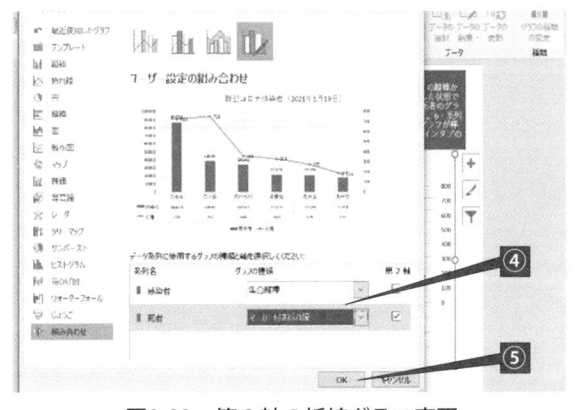

図9-23　第2軸の折線グラフ変更

特殊効果の設定・アニメーション効果

　ここは，おまけ．パワポでは，スライドのタイトルや箇条書きテキスト，表，グラフなどのオブジェクトに対して，動きを付けることができる．これを「アニメーション効果」という．これで，動きのあるプレゼンを演出する．ただ，この機能はほどほどにしていないと，聴衆に遊んでいる印象を与えることもあるので，注意を．

　アニメーション効果を設定したいオブジェクトを選択し，① 上部の［アニメーション］タブをクリック，アニメーショングループの右端の［その他］（▼）ボタンをクリック．② アニメーション効果の一覧が表示される．上から［開始］［強調］［終了］［アニメーションの軌跡］グループが並ぶ．アニメーション効果が設定されたオブジェクトには，アニメーションの再生順序が小さく番号で表示される．アニメーション効果を確認するためには，上部のリボンの左端の③［プレビュー］ボタンか，サムネイルペインのページ数の下に出る④［★］マークをクリックする（**図9-24**）．

　アニメーションを削除するためには，アニメーション効果の一覧で⑤［なし］をクリック．アニメーションの再生順序を入れ替えるためには，オブジェクトを選択し，［アニメーション］タブをクリック，リボンの右側にある ⑥［アニ

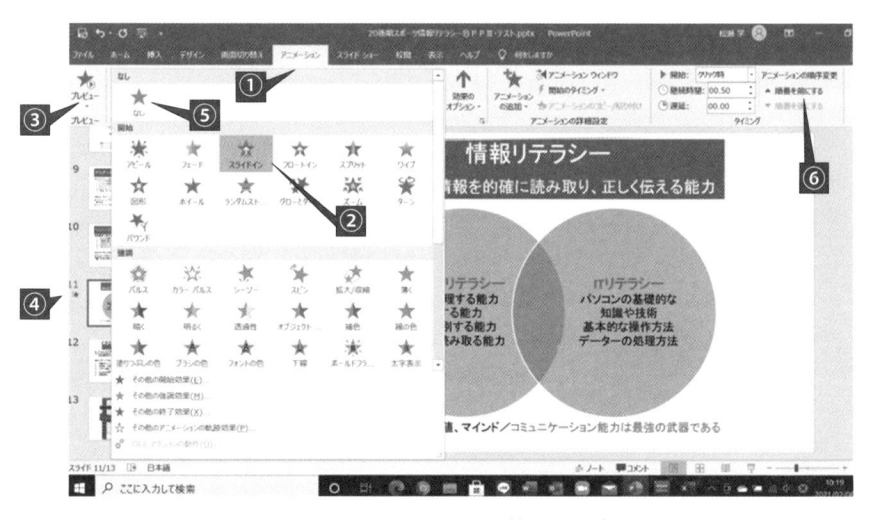

図9-24　アニメーション効果の設定

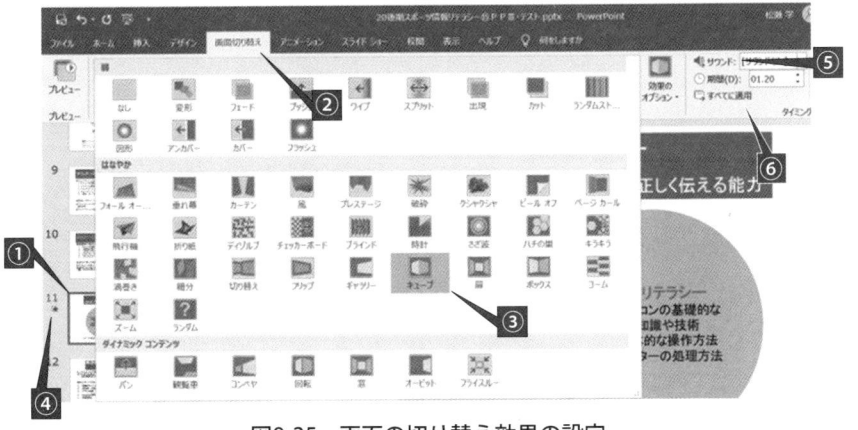

図9-25　画面の切り替え効果の設定

メーションの順序変更］の［順番を前にする］［順番を後にする］で変更する.

特殊効果の設定・画面の切り替え効果

『よくわかるPowerPoint2016基礎』［富士通エフ・オー・エム 2016:158-159］によると，「画面の切り替え効果」を設定すると，スライドショーでスライドが切り替わるときに変化を付けることができる. 一番多い設定は，サイコロが転がるようにスライドが出てくる「キューブ」か. 設定の仕方は，① スライドを選択し，②［画面の切り替え］タブを選択,［画面切り替え］グループの右端の［その他］（▼）をクリック. 画面切り替え一覧が出てくるので，③［はなやか］グループの［キューブ］を選択する.

　画面切り替え効果を確認したい時には，サムネイルペインのページ数の下の④［★］をクリックするか，画面下部のステータスバーの［スライドショー］をクリックする. 画面切り替えの際，⑤［サウンド］を設定することもできる. 先生は居眠りしている学生を起こすために，時折,［爆発］を設定する. 効果満点.画面の切り替え効果をすべてのスライドに設定したい場合,[タイミング]グループの［すべてに適用］をクリック（図9-25）.

おわりに

情報とは，主に言葉と数字で構成される．言葉は言霊．言葉が人々を時に傷つけ，時に励まし，時には奮い立たせる．当然，人が言葉を発する際，そこにはリテラシーが存在する．パソコンスキルはわかればできる．じつは言葉を発するリテラシー，言葉を受け取るリテラシーがより大事なのだ．その人の価値観，世界観，哲学，規律といってもいい．

これから世界で活躍するビジネスパーソンには，多様性と調和が求められる．独断と偏見，差別意識を持たない人，他者をリスペクトする人，好奇心が強く行動できる人，礼節をわきまえ倫理観のある人，教養ある人……．そして何より「情報リテラシー」を持っている人である．

参考文献

硲弘一・植田敬子監修［2015］『ビジネスExcel 基礎テキスト』わかるとできる．

富士通エフ・オー・エム［2016］『よくわかるPowerPoint2016基礎』FOM出版．

おわりに

　2020年度はスポーツに関連する大型公園の審査員をすることが多かった．セレッソ大阪が本拠地とする大阪市長居球技場（桜スタジアム）指定管理事業予定者選定会議の座長，大阪市長居公園（長居公園,長居陸上競技場，地下駐車場，ユースホステル等）の指定管理事業予定者9施設の選定会議委員，大阪市八幡屋公園ほか5施設（中央体育館，大阪プール，修道館，大阪城弓道場，長居球技場）における指定管理事業予定者選定会議の座長と，大阪市における主要な大規模公園における審査をしてきた．

　1964年の東京オリンピックや1970年の大阪万博が開催され，50年を経過して施設の老朽化が目立つ時期なのだろう．施設の老朽化に伴い，施設維持管理経費の増大が見込まれている．大規模な改革を行うには願ってもない機会が到来している．大規模公園につき，一般園地および公園内のスポーツ施設などを含む公園全体を民間事業者に長期間に渡りマネジメントしてもらう事業をパークマネジメント事業という．長期間に渡る経営管理を行うことにより，民間事業者による戦略的な投資を呼び込むことができる．

　具体例として，三井不動産は2020年11月27日，読売グループ本社と共同で東京ドームを買収することを発表した．"後楽園の大家"となったのである．買収価格は約1200億円．融合施設開発やテナント誘致などのノウハウを生かし，ドーム周辺を一体運営して，家族連れで楽しめる「ボールパーク構想」を東京の都心で推進する．東京ドームは，東京・水道橋で敷地面積約13万平方メートルの複合施設「東京ドームシティ」を運営している．スタジアムだけでなく，商業施設，遊園地，ホテルなどがあり一帯の主要資産の薄価は2020年1月末時点で2000億円に迫る．

　買収の背景としては，コロナウィルスによるイベント自粛が続いており，2021年1月期の連結最終損益は180億円の赤字（前期は80億円の黒字）と10年ぶり

の最終赤字となる見通し。東京ドームは11月27日，今期の年間配当を無配（従来予想は前期比7円減の12円）にすると発表した。年間配当無配は9年ぶり。東京ドーム株の9.61%を有する香港ファンド・オアシスは経営改善が遅いという理由から，社長を含めた取締役3名の解任を要求していた。東京ドームは支援企業を探しており，三井不動産と読売新聞が名乗りを上げたという背景がある。

東京ドームは，2022年1月期から3年間の中期経営計画を策定中で，三井不動産は早い段階から関与することになるだろう。三井不動産の実績をもとに3方向からの施策を実践するだろう。先ず，マツダスタジアムにおける開発のノウハウを活用して，三井不動産，東京ドーム，読売巨人軍の3者で連携し，広告や商品開発，試合演出などで相乗効果を生む。東京ドームはこれまで読売巨人軍の本拠地であったが，資本関係が希薄だった。スタジアムの広告スペースを拡充するほか，選手の肖像を利用した広告展開やグッズ開発を進める。高速通信規格「5G」を活用した試合の演出に取り組む。

次に，商業施設「ららぽーと」，ホテル運営，および，テナント誘致などのノウハウを活かして，東京ドーム，東京ドームシティ，ラクーアをテコ入れする。ホテルや商業施設，公園が一体となった「ミクストユース」型の「ボールパーク」開発を行っていく。

さらに，三井不動産などはドームシティに近い後楽園駅前で「文京ガーデン」と呼ぶ大規模な再開発を進行している。オフィスやマンション，商業施設などの整備をしており，ドームシティとの連携で新たな人の流れを生む。エンターテインメントのある職住近接の"街づくり"を深化させる。スポーツとエンターテインメントは街づくりの核となることが期待されている。

大阪市の長居公園，桜スタジアム，八幡屋公園についてもパークマネジメント事業により地域活性化が期待されている。しかし，大阪市におけるスポーツ予算の現状は，硬直化していると言わざるを得ない。スポーツ予算は59億4000万円であるが，この内，施設維持管理費以外の経費は3億5000万円（約6%）である。このため，スポーツ機運醸成に向けた十分な事業費を確保できない。

しかし，そのような背景があろうとも，スポーツによる健康増進，スポーツ

による都市魅力の向上，スポーツによる地域・経済活性化という大阪市スポーツ施策で抱える行政課題を解決していかねばならない．大阪市が抱える行政課題を解決させるために，官民連携の推進は必須である．今こそ，産官学が連携して，英知を結集する時である．2025年の大阪・関西万博は良い目標となるだろう．

　本書の帯文は，Fondation France-Japon de l'EHESS（日仏財団：École des Hautes Études en Sciences Sociales）PresidentであるProf. Sébastien Lechevalier氏にご提供いただきました．重ねて御礼を申し上げます．

　2021年10月　東京オリンピック・パラリンピックが開催された夏が過ぎて

相 原 正 道

《執筆者紹介》

相 原 正 道（あいはら　まさみち）[**第1章**]

1971年生まれ．筑波大学大学院体育科学研究科スポーツ健康システム・マネジメント専攻修了．

現在，大阪経済大学学長補佐，スポーツ・文化センター長，人間科学部教授．

主要業績

『ロハス・マーケティングのスゝメ』木楽舎，2006年．『携帯から金をつくる』ダイヤモンド社，2007年．『現代スポーツのエッセンス』晃洋書房，2016年．『多角化視点で学ぶオリンピック・パラリンピック』晃洋書房，2017年．SPORTS PERSPECTIVE SERIES 1〜7，（共著），晃洋書房，2018-2020年．令和3年度 文部科学大臣表彰 科学技術賞受賞．

前 田 和 範（まえだ　かずのり）[**第2章**]

1985年生まれ．大阪体育大学大学院スポーツ科学研究科博士後期課程修了，博士（スポーツ科学）．

現在，高知工科大学経済・マネジメント学群講師．

主要業績

『スポーツマーケティング入門』（共著），晃洋書房，2019年．"An Athlete's Sense of Community as Responsibility for the Hometown: Perspective on Community-Based Professional Sport Organizations"（共著），*International Journal of Sport and Health Science*,17, 2019. 「プロスポーツチームに所属する選手のホームタウンに対する態度変容──コミュニティ感覚理論を援用した縦断的研究──」（共著），『スポーツマネジメント研究』12, 2020年．『スポーツ産業論　第7版』（共著），杏林書院，2021年．

林　　恒 宏（はやし　つねひろ）[**第3章，第4章**]

1973年生まれ．札幌国際大学大学院観光学研究科修了，修士（観光学）．EU BUSINESS SCHOOL修了，MBA（経営管理学修士）．現在，大正大学地域創生学部地域創生学科准教授．早稲田大学スポーツビジネス研究所招聘研究員．

主要業績

『スポーツツーリズム概論』（編著），BookWay，2018年．『スポーツSDGs概論』（編著），学術研究出版，2020年．『スポーツビジネス概論4』（共著），叢文社，2021年．

本 間 崇 教（ほんま　たかのり）[**第5章，第6章**]

　1989年生まれ．早稲田大学大学院スポーツ科学研究科博士後期課程単位取得退学．現在，新潟経営
　大学経営情報学部スポーツマネジメント学科講師．

主要業績

「スポーツ価値意識プロジェクト――新たなスポーツ価値意識の多面的な評価指標の開発――［第1報
～第3報］」（共著），『日本体育協会スポーツ医・科学研究報告集』2017年．「同一地域を拠点とするプ
ロスポーツにおけるファン構造の競技間比較」（共著），『新潟体育学研究』38，2020年．

松 瀬　　学（まつせ　まなぶ）[**第7章，第8章，第9章**]

　1960年生まれ．早稲田大学大学院スポーツ科学研究科スポーツ科学専攻修了．現在，日本体育大学
　スポーツマネジメント学部教授，ノンフィクション作家．

主要業績

『汚れた金メダル――中国ドーピング疑惑を追う――』文藝春秋社，1996年．『五輪ボイコット――
幻のモスクワ――』新潮社，2008年．『ONE TEAMのスクラム』光文社，2020年．『スポーツレガシー
の探究――スポーツの力を信じて――』（共著），ベースボール・マガジン社，2021年．

SPORTS PERSPECTIVE SERIES 8
スポーツマネジメント入門

2021年11月10日　初版第1刷発行　　＊定価はカバーに
表示してあります

	相	原	正	道
	前	田	和	範
著　者	林		恒	宏 ©
	本	間	崇	教
	松	瀬		学
発行者	萩	原	淳	平
印刷者	出	口	隆	弘

発行所　株式会社　晃 洋 書 房

〒615-0026　京都市右京区西院北矢掛町7番地
電　話　075(312)0788番㈹
振替口座　01040-6-32280

装丁　野田和浩　　　　　　印刷・製本　㈱エクシート

ISBN978-4-7710-3520-1

ヘレン・ジェファーソン・レンスキー 著／井谷惠子・井谷聡子 監訳

オリンピックという名の虚構
──政治・教育・ジェンダーの視点から──

四六判 286頁
2,970円（税込）

一般社団法人スポーツと都市協議会 監修／花内誠 編著

ASC叢書3 スポーツビジネスの「キャズム」
──新リーグ，新チームの成功と失敗を分けるマーケティング理論──

A5判 262頁
3,080円（税込）

谷釜尋徳 著

ボ ー ル と 日 本 人
──する，みる，つくる　ボールゲーム大国ニッポン──

四六判 234頁
2,200円（税込）

相原正道・佐々木達也・田島良輝・西村貴之・内田満・舟木泰世 著

地 域 ス ポ ー ツ 論

A5判 182頁
2,200円（税込）

相原正道・工藤康宏・大野宏之・前田和範・岩浅巧 著

スポーツマーケティング入門

A5判 146頁
1,980円（税込）

相原正道・庄子博人・櫻井康夫 著

ス ポ ー ツ 産 業 論

A5判 120頁
1,760円（税込）

日本体育・スポーツ政策学会 監修／真山達志・成瀬和弥 編著

スポーツ政策1 公共政策の中のスポーツ

A5判 204頁
2,200円（税込）

ピルッコ マルクラ・リチャード プリングル 著／千葉直樹 訳

スポーツとフーコー
権力，知，自己の変革──

四六判 402頁
4,180円（税込）

田島良輝・神野賢治 編著

スポーツの「あたりまえ」を疑え！
──スポーツへの多面的アプローチ──

A5判 232頁
2,860円（税込）

相原正道・植田真司・髙橋正紀・黒澤寛己・大西祐司 著

スポーツマンシップ論

A5判 174頁
2,420円（税込）

相原正道・谷塚哲 著

ス ポ ー ツ 文 化 論

A5判 154頁
1,980円（税込）

晃 洋 書 房